안셀름 그륀의
의심 포용하기

Anselm Grün, *Den Zweifel umarmen*
ISBN 978-3466372515
© Copyright 2019 by Kösel-Verlag, München, Verlagsgruppe Random House, Germany
Foreign Rights represented by Vier-Türme-Verlag, Münsterschwarzach, Germany

All rights reserved. No part of this book may be used or reproduced in any manner whatever without written permission except in the case of brief quotations embodied in critical articles or reviews.

Korean Translation Copyright © 2021 by Catholic Publihing House
Korean edition is published by arrangement with Vier-Türme-Verlag, Münsterschwarzach through BC Agency, Seoul

당신의 믿음에 나쁜 의심은 없다
안셀름 그륀의 의심 포용하기

2021년 5월 31일 교회 인가
2021년 7월 22일 초판 1쇄 펴냄

지은이 · 안셀름 그륀
옮긴이 · 황미하
펴낸이 · 염수정
펴낸곳 · 가톨릭출판사
편집 겸 인쇄인 · 김대영
디자인 · 정진아

본사 · 서울특별시 중구 중림로 27
등록 · 1958. 1. 16. 제2-314호
전자우편 · edit@catholicbook.kr
전화 · 1544-1886(대표 번호)
지로번호 · 3000997

ISBN 978-89-321-1781-2 03230

값 14,000원

성경 ⓒ 한국천주교중앙협의회, 2021

가톨릭의 모든 도서와 성물을 '가톨릭출판사 인터넷쇼핑몰'에서 만나 보실 수 있습니다.
http://www.catholicbook.kr | (02)6365-1888(구입 문의)

이 책의 한국어판 저작권은 BC에이전시를 통한 저작권사와의 독점 계약으로 (재)천주교서울대교구 가톨릭출판사에 있습니다. 저작권법에 의해 보호를 받는 저작물이므로 무단 전제와 복제를 금합니다.

당신의 믿음에
나쁜 의심은 없다

안셀름 그륀의
의심 포용하기

안셀름 그륀 지음 | 황미하 옮김

가톨릭출판사

머리말

어떤 사람들은 이렇게 죄를 고백하기도 합니다. "저는 하느님을 의심했습니다." "제 신앙을 의심했습니다." 그들은 의심을 죄로 여깁니다. 그렇지만 의심은 믿음에 속하고 오히려 믿음을 강하게 합니다. 또한 늘 새롭게 질문을 던집니다. "나는 무엇을 믿는가?" "하느님이 계시다는 것, 그리스도가 부활하셨다는 것, 우리가 그리스도를 통해서 구원되었다는 것은 무슨 뜻인가?" "영원한 생명은 내게 무엇을 의미하는가?"

인간은 하느님의 참된 본질을 인식할 수 없습니다. 그러하기에 의심은 하느님의 신비를 더 깊이 이해하기 위한 중요한 동반자입니다.

이렇게 믿음이 깊어지게 하는 의심이 있는 반면, 믿음과 거리를 두기 위한 의심도 있습니다. 이러한 의심은 믿음뿐만 아니라 우리의 인식에도 영향을 미칩니다. 철학에서는 이러한 의심을 '절대적 의심'이라고 일컫습니다. 이는 회의로 이어집니다. 그러고는 모든 인식을 부정하면서 '행동하지 않는' 이유를 대도록 합니다. 회의주의자는 늘 모든 것과 거리를 둡니다. 믿음, 인식, 행동에 대한 책임에도 관여하지 않는 구경꾼으로 머뭅니다.

철학에는 존재의 의미에 이의를 제기하는 '실존적 의심'도 있습니다. 실존적 의심은 절망으로 이어집니다. 절망(이에 해당하는 라틴어 '데스페라티오desperatio'는 '희망이 전혀 없음'이라는 뜻)은 영적 전통에서 죄로 간주됩니다. '절망, 자포자기'라는 뜻의 독일어 '페어츠바이플룽Verzweiflung'은 '극에 달한 의심'이라는 뜻도 있는데, 이러한 의심은 우리 존재의 근간을 뒤흔들고 우리 실존의 뿌리를 뽑아 버립니다.

의심과 의혹은 인간관계에서도 나타납니다. 한 여자를 사랑하는 남자에게 그 여자에 관한 의혹이 생겼다면, 그들이 결혼을 하더라도 그 의혹은 사라지지 않고 오히려 더 커질 수 있습니다. 의심은 알기 위한 고통이기도 합니다.

이란 속담에는 이런 말이 있습니다. "의심은 알기 위한 열쇠다."

즉, 의심은 우리를 불확실한 상황으로 내몹니다. 사람들은 이러한 의심을 '방법적 의심'이라고 부릅니다. 이는 우리가 더 앞으로 나아가서 인식할 수 있게 합니다. 반면에 '윤리적 의심'도 있는데, 이는 모든 도덕적 규범을 거부하면서 상대주의로 우리를 이끕니다.

독일어로 '의심Zweifel'은 숫자 '2zwei'와 '접다falten'에서 나왔습니다. 무언가가 이중으로 접힌 것이라고 보면, 의심은 "두 가지 가능성 앞에서 드는 불확실함"[1]을 의미합니다. 이렇게 의심에 관해 묵상하면서 우리는 인간 존재의 근본적 체험과 마주합니다. 즉 모든 게 이중적이라는 사실을 체험하는 것입니다. 빛과 어둠, 하늘과 땅, 남자와 여자, 믿음과 불신처럼 우리 삶에는 이원성이 존재합니다. 이와 동시에 우리는 일치, 즉 하나 되기를 갈망합니다. 이러한 갈망은 특히 고대 그리스인들에게 매우 강하게 나타났습니다. 이에 비추어 볼 때, 의심은 우리를 인간 실존의 본질로 이끕니다.

우리는 영혼과 몸, 정신과 물질로 이루어진 존재로 남자 또는 여자로 살아갑니다. 이처럼 우리에게는 양극이 존재하지만 우리 자신과 하나 되기를 갈망합니다. 그러나 이 길은 언제나 이원성과 이중성을 거칩니다. 따라서 우리에게는 의심과 불확실성의 체험뿐만 아니라 일치와 확신에 대한 갈망이 존재합니다. 우리를 종종 혼란스럽게 하는 이 다원화된 세상에서 우리는 바람직한 태도와 명료함, 믿음과 인생관에 대한 확신을 갈망합니다.

그래서 저는 의심과 절망에 관해 깊이 생각해 보고, 확신할 수 있는 체험, 무언가를 분명히 알게 되는 체험, 그 무엇이 명확하게 의식되는 체험에 관해서도 숙고하려 합니다. 확신은 하나의 영적 체험일 수 있습니다. 파스칼이 1654년 11월 23일 밤에 그랬듯이 말입니다. 그때 파스칼은 확신에 찬 기쁨으로 하느님의 현존을 체험했습니다. 그는 이 체험에 관해 《회상록》에 다음과 같이 적었습니다. "불. 철학자와 현명한 사람의 하느님이 아니라 아브라함의 하느님, 이사악의 하느님, 야곱의 하느님. 확신, 감정, 기쁨, 평화. 예수 그리스도의 하느님."

확신에 대한 이러한 체험은 은총 체험입니다. 그 순간에 의심이 싹 사라지고, 모든 게 명료해지면서 마음의 안정을 느낍니다. 그것은 참된 것입니다. 우리는 그 토대 위에 확실하게 설 수 있으며 이러한 체험을 갈망합니다.

그러나 확신에 대해 이러한 신비적 체험만 있는 건 아닙니다. 의심을 품지 않고 자신의 믿음을 확신하는 사람들도 있습니다. 그들은 그 무엇에 고정되어 있지 않고 완고하지도 않습니다. 이렇게 의심 없이 단순한 믿음을 지닌 사람들은 삶을 신뢰하고 하느님 안에 안착합니다. 또한 굳건한 신앙의 토대 위에서 삶의 도전을 받아들이며 성장합니다. 우리는 그러한 믿음을 갈망합니다. 바오로 사도가 우리에게 다음과 같이 당부했듯이 말입니다. "믿음 안에 굳게 서 있으십시오. 용기를 내십시오. 힘을 내십시오."(1코린 16,13)

살면서 온갖 의심이 들 때 우리는 히브리인들에게 보내는 서간에서 말하는 믿음을 갈망합니다. "믿음은 우리가 바라는 것들의 보증이며 보이지 않는 실체들의 확증입니다."(히브 11,1) 우리를 에워싸고 있는 불확실함과 불안전함 속에서 우리가 설 수 있는 굳건한 토대가 필요합니다.

그러므로 저는 이 책에서 믿음과 의심이 어떻게 짝을 이루는지, 확신에 대한 갈망과 의심이 어떻게 서로 보완되는지, 우리 삶에서 의심이 어떤 역할을 하는지, 의심이 어떻게 믿음과 지식을 강화하고, 삶과 믿음에 대한 의혹이 어떻게 우리를 방해하는지, 때때로 우리를 덮치는 절망에 우리가 어떻게 대처해야 하는지 등에 관해 깊이 묵상하고자 합니다.

차례

머리말 · 5

1장 나를 둘러싼 모든 것이 흔들린다면
의심과 깨달음   15
관계에서 드는 의혹   21
함께 일하는 이들의 능력에 대한 의심   28
나 자신에 대한 의심   33

2장 아무것도 믿지 않는다고 말하지만
의심, 믿음의 요소   43
성경에 등장하는 의심   46
- 물에 빠진 베드로
- 모든 것에 의문을 품은 코헬렛
- 욥의 의심
- 시편에 묘사된 의심들
- 의심하는 토마스
- 회의주의자 나타나엘
- 천사의 말을 믿지 않았던 즈카르야

인간 안에 있는 두 개의 극   74
의심은 믿음을 강화한다   82
의심은 하느님 은총을 체험하는 길이다   93
믿음을 거부하는 의심   100

3장 절망 속에서 삶의 의미 찾기

아프거나 힘들 때 드는 의심   109
- 확고한 믿음에 대한 갈망

교회의 가르침에 대한 의혹이 드는 순간   129
자녀가 품는 의심에 대처하는 법   140
믿음과 절망   146
절망은 오롯이 하느님께 향하는 기회다   157

맺음말 · 167
옮긴이의 말 · 171
주 · 174

1장

나를 둘러싼 모든 것이 흔들린다면

의심과 깨달음

"나는 생각한다. 그러므로 나는 존재한다."

– 데카르트

철학은 놀라움으로 시작된다고 말하는 사람들이 있는 반면, 의심으로 시작된다고 말하는 이들도 있습니다. 그들이 이렇게 말하는 이유는 의심이 삶과 인간, 하느님에 관해 더 많이 생각하도록 이끌어 주기 때문입니다. 중세 철학자이자 신학자인 아벨라르는 이렇게 말했습니다. "우리는 의심을 통해 탐구하고, 탐구하면서 진리를 깨닫는다."

진리가 무엇인지 더 정확히 알려면 모든 철학적 원칙뿐만 아니라 믿음의 원칙에 대해서도 의혹을 품어야 합니다. 우리는 탐구하면서 믿음의 원칙이 의미하는 바를 깨닫습니다. 그 말을 탐구하지 않고 진실이라고 생각하는 것은 인간 정신에 어긋나는 일입니다. 아벨라르는 의심을 통해 무엇이 우리를 지탱하게 해 주는지 알기 위해 '그러면서 그렇지 않다(그렇고 그렇지 않다)Sic et Non'라는 방법론[2]을 펼쳤습니다.

철학에서는 의심을 다양한 형태로 구분합니다. 첫째는 진술의 편파성에 대한 의심입니다. 둘째는 행동의 가치에 대한 의심(윤리적 수준에 대한 의심)이고, 셋째는 인간 삶의 의미와 목표에 대한 의심(실존적 의미에 대한 의심)입니다.[3] 의심은 '이중적 의미'에서 비롯됩니다. 이에 따라 모든 것은 이중적 의미를 지니기도 합니다. 우리는 어떤 진술에 대해서 의심하기도 합니다. 그러나 그 진술이 더 정확한 사실일 수도 있습니다.

데카르트는 의심을 방법적 원칙으로 적용한 철학자였습니다. 그는 모든 진술에 대해 의심하면서 '더 이상 의심할 수 없는' 확고부동한 출발점을 고수했습니다. 그는 다음과 같은 유명한 말을 남겼습니다. "나는 생각한다. 그러므로 나는 존재한다Cogito ergo sum." 멜라니 바이너Melanie Beiner는 이렇게 설명합니다. "생각하는 행위로서의 의심은 모든 생각에 이의를 제기할 수 있지만, 생각하는 것 자체를 문제 삼을 수는 없다."[4] 데카르트는 '내가 명확히 이해하는' 것을 참되다고 표현합니다. 이로써 "생각하는 주체의 자기 확신은 모든 인식의 확실한 토대"[5]가 됩니다.

데카르트 이전에 이미 아우구스티노 성인이 그것을 유사한 방식으로 보았습니다. 아우구스티노 성인은 의심할 여지가 없는 조건이 필요하다고 여기고 이렇게 말했습니다. "사실을 믿으며 살고, 떠올리고, 원하고, 생각하고, 알고, 판단하는 것, 누가 그것을 의심하는가? …… 다른 모든 것을 의심하는 사람은 이 일들을 의심해서는 안 된다. 이 일들이 확실하지 않다면, 그는 아무것도 의심할 수 없을 것이기 때문이다."[6]

독일의 사회 철학자 베버는 이렇게 말합니다. "극에 달한 의심은 인식의 아버지다." 무언가를 의심할 때 우리는 자리에 앉아 어떤 상황인지 더 정확히 알고자 합니다. 따라서 의심은 철학을 위한 자극제일 뿐만 아니라 자연과학을 위한 자극제이기도 합니다.

모든 자연과학적 실험은 현재의 지식수준에 대한 의심에서 시작됩니다. 우리는 지금까지의 성과들에 대해 의혹을 품고 무엇이 현실과 부합한지 더 자세히 탐구하고자 합니다. 하이젠베르크와 파울리는 실험을 통해 뉴턴의 물리학에 대해 의혹을 품었습니다. 그리하여 그들은 새로운 물리학을 전개했습니다. 바로 양자 물리학[7]

입니다. 그러나 여기서도 거듭 의심이 생기고, 이 의심은 자연과 그 법칙을 더 정확히 연구할 수 있게 자연과학자들을 자극합니다.

한 인도 속담은 의심을 이렇게 표현합니다. "의심은 인식의 대기실이다." 의심은 지금의 지식으로 만족하지 않고 더 많은 것을 알게 합니다. 그러하기에 철학자와 신학자와 자연과학자들이 점점 더 많이 연구하도록 재촉합니다. 의심이 없었다면 우리는 오늘날의 지식수준에 도달하지 못했을 것입니다.

자연과학자는 자신이 연구하면서 이룬 성과에 의혹을 품으면서 또 연구를 시작합니다. "그것이 최종 결과물일까?" "나는 피상적인 것만 연구한 것은 아닐까?" 이렇게 의심을 품으며 결과에 만족할 때까지 계속 실험하고 연구할 것입니다. 하지만 완전히 만족하기는 어렵기에 그들은 자기가 지금까지 달성한 성과에 대해 항상 의혹을 품을 것입니다. 더 정확히 탐구하기 위해서 말이지요.

에밀 시오랑은 의심이 많은 철학자였습니다. 루마니아 출신인 그는 베를린 대학교에서 철학을 공부한 뒤 프랑스에서 살았습니다. 그는 모든 것을 의심했고 삶의 의미도 의심했습니다. 그러나 한 가지에 대해서는 의심하지 않았습니다. 바로 음악의 힘이었습니다. 그래서 어느 아포리즘[8]에서 그는 이렇게 기술합니다. "의심이 곳곳에서 덮친다. 그런데 예외가 하나 있다. 회의적인 음악은 존재하지 않는다는 것이다."⁹⁾ 그리고 다른 아포리즘에서는 이렇게 기술합니다. "음악을 제외하고는 모든 게 사기다. 고독조차도, 무아경조차도 사기다."¹⁰⁾ 언젠가 성 세베린 성당에서 파이프 오르간으로 연주하는 푸가를 들으면서 그는 혼자 중얼거렸습니다. "그것은 내가 저주하는 모든 것을 반박한다."¹¹⁾

※

 당신이 무언가를 새롭게 알고 깨닫는 데 의심이 도움이 되었나요? 신문 기사를 보고 의혹이 든 적은 없나요? 건강에 관한 정보나 건강식품에 대한 다양한 연구 결과를 쉽게 받아들이지는 않나요? 그 연구 결과를 받아들인다면 그 이유는 무엇인가요? 이와 관련된 차고 넘치는 정보를 주저 없이 받아들인다면, 그에 따른 부작용이 생길 수도 있습니다. 그렇다면 당신한테 맞는 방법을 찾는 데 무엇이 도움이 될까요? 바로 의심 아닐까요? 의심은 무조건 맹신하지 않게 하고 당신에게 가장 잘 맞는 것을 찾도록 도와줍니다.
 당신이 더 이상 의심을 품지 않는 것은 무엇인가요? 데카르트는 "나는 생각한다. 그러므로 나는 존재한다."로 정의했고, 시오랑에게는 음악이었습니다. 더 이상 의혹을 품지 않게 하는 근원을 당신은 어떻게 정의할 수 있을까요? 미사에 참례하면서 믿음에 대한 확신이 드나요? 의심이 진리를 깨닫도록 당신을 이끌어 주었나요?

  아이들은 수도 없이 질문합니다. "이것은 왜 그런 거예요?" 아이들은 이렇듯 모든 것에 의문을 갖습니다. 의문을 통해 무엇이 맞는지, 자기가 무엇에 의지할 수 있는지 알아 가면서 성장합니다. 당신은 자녀가 품고 있는 의심을 어떻게 받아들이고 대처하나요? 자녀가 던지는 질문을 터무니없다고 여기며 무시하지는 않았나요? 자녀가 품는 의심은 당신 자신과 당신의 길을 명확하게 만들어 주기도 합니다. 또한 지금까지 의혹을 품지 않고 무조건 받아들인 많은 것에 대해서도 새롭게 알게 합니다.

관계에서 드는 의혹

"하느님의 현존을 찾는 진정한 영적 삶은
적어도 때로 '위기'에 직면할 수밖에 없을 것이다."

– 라인하르트 쾨르너

　사람들과 대화를 나누다 보면 종종 이런 말을 듣기도 합니다. "저 결혼할 사람이 있는데, 그 사람이 저랑 잘 맞는지, 그와 행복하게 잘 살 수 있을지 의문이 들어요."
　모든 관계에는 의혹이나 의심이 존재합니다. 이러한 의심이 들면 그냥 지나쳐서는 안 됩니다. 나를 먼저 돌아보고, 교제하면서 드는 불확실함과 나의 높은 기대치가 무엇을 말하는지 자문해야 합니다. 이런 맥락에서 보면, 의심은 결혼하고 싶은 사람에 대해 과도한 기대를 내려놓으라는 초대이기도 합니다. 이러한 의심이 상대방을 현실적으로 바라보게 하고 그 사람을 있는 그대로 받아들이도록 하기 때문입니다. 이것은 상대방 자체를 의심하는 게 아닙니다. 그 사람이 나에게 부합된 사람인지에 대해서만 의문을 제기하는 것입니다.

그러나 내가 갖는 의심으로 인해 상대방에 관한 중요한 정보를 얻을 수도 있고, 상대방을 더 정확히 바라볼 수도 있습니다. '내가 그에게 의혹을 품는 이유는 무엇일까? 그 사람이 나와 무엇이 맞지 않는 걸까? 단순히 직감일까? 그의 태도에서 의심할 만한 것이 있을까? 그 사람은 겉과 속이 일치된 사람일까? 그의 말을 신뢰할 수 있을까?' 이러한 의심은 상대방을 신뢰할 수 있는지 확인할 수 있는 기회이기도 합니다.

하나의 예로, 만약 제가 누구에게도 말하지 못한 속 얘기를 어렵게 꺼내어 한 친구에게 말했다고 합시다. 그 친구에게만 얘기했음에도 이 얘기가 퍼졌다면, 저는 그 친구를 의심하고, 다시는 그에게 사적인 얘기를 하지 않을 것입니다. 그 친구를 더는 신뢰할 수 없기 때문이지요.

또 하나는 그 사람과 함께 있을 때 나의 감정에 주목하는 것입니다. '나는 지금 기분이 좋은가? 안정감을 느끼는가? 우리가 정말로 사랑하는 것일까? 내 안에서 의혹이 생기는가?' 이것으로 두 사람의 사랑과 신뢰가 자라는지 아니면 의심이 더 강해지는지 살펴볼 수 있습니다.

이와는 다른 유형의 의심도 있습니다. 상대방이 나와 맞지 않다고 느낄 때가 있을 것입니다. 그렇지만 서로 안 지 오래되었다는 이유로, 이에 대한 의혹을 밀어냅니다. 이렇게 된다면 그 관계는 오래 지속할 수 없을 것입니다. 이혼한 이들을 대상으로, 배우자를 처음 만나고 사귈 때 의혹이 든 적은 없었는지 물었습니다. 대부분 의혹이 있었지만 좋은 짝을 찾았다는 생각에 모든 의혹을 무시하거나 지나쳤다고 합니다.

어느 여성은 결혼 전에 지금의 남편이 술을 너무 좋아해서 알코올 의존자가 될지도 모른다는 의혹이 들었다고 합니다. 그러나 그녀는 이 의혹을 밀쳐 내고, 그와 결혼했습니다. 자신의 사랑으로 남편의 문제를 해결할 수 있다고 믿었던 것이지요. 하지만 결국 감당하기 어려운 상황에 처하게 되었다고 합니다. 그 여성은 자신이 가졌던 의혹을 진지하게 받아들이지 않았던 것입니다.

또 다른 여성은 무조건 가톨릭 신자인 남자와 결혼하기를 바랐습니다. 얼마 뒤 그녀는 어느 기도 모임에서 매우 신심이 깊은 남자를 만났고 그와 친해졌습니다. 그렇지만 사이가 점점 더 가까워질수록 그에게 자기중심적인 면이 많다는 점을 알게 되었습니다. 하지만 그녀는 신앙이 이 모두를 변화시킬 거라고 생각했습니다. 그러나 어느 시점에 이르러서는 이렇게 인정할 수밖에 없었다고 합니다. "신심만으로는 충분하지 않다는 것을 알게 되었어요. 그 남자의 '신심이 그의 이기적인 면을 잠시 가렸던 거예요. 그래서 당시에는 그의 참모습을 알지 못했어요."

이 여성은 그 남성과의 관계를 지속하기 어렵다는 것을 깨달았습니다. 이처럼 자신에게 드는 의심을 진지하게 여기며 숙고했기에 이렇게 결정할 수 있었던 것입니다. 의심은 종종 내가 의혹을 품는 이에 관한 중요한 정보를 주기도 합니다. 이렇듯 의심이 든다면 명확한 관계를 위해 이 상황을 진지하게 여기고 되짚어 보아야 합니다. 하지만 무조건 의심하지는 않아야 합니다.

교제하는 동안에도 상대방에 대한 의혹은 커집니다. '그는 늘 나에게 충실할 수 있을까? 우리가 정말 서로 잘 맞을까?'라는 의혹이 든다면 피하지 말고 진지하게 생각해 보아야 합니다. 그리고 이러한 의혹이 나의 완벽주의에서 비롯된 것인지 아니면 결별의 신호인지 자문해야 합니다. 그다음 어떻게 반응할지, 나의 과도한 기대를 내려놓을지, 이 의혹을 상대방에게 표현하고 그와 상의할지 등의 여부는 내가 자유롭게 결정하면 됩니다. 그리고 나서 그와 열린 마음으로 대화를 나눈다면, 이 관계는 새로운 신뢰와 새로운 차원으로 나아갈 수 있습니다.

의심은 그 근거가 상대방의 태도에 있지 않은 경우도 많습니다. 나에게 속하고 내 안에서 나타나는 의심이 있습니다. 그렇다면 그 의심을 인지하고 하느님께 우리 두 사람의 관계를 축복해 달라고 청하는 것도 좋습니다. 이따금 관계에 대한 의심은 내 삶에 대한 의심이기도 합니다. 우리는 이렇게 사는 게 옳은지 알지 못합니다. 불확실하다고 느끼는 우리는 이렇게 자신에게 말해야 합니다. "나는 결코 확신할 수 없다. 그러나 하느님이 내 삶과 내가 사람들과 맺는 관계를 축복해 주신다고 믿는다." 그러므로 의심은 하느님을 신뢰하고 따라서 관계도 신뢰하라는 초대인 것입니다.

스페인 속담에 이런 말이 있다고 합니다. "당신이 의심하는 한, 그 어떤 비난도 하지 마라." 때로 우리는 상대방에게 죄를 뒤집어씌우기도 합니다. 그가 성실하지 않았을 거라고 의심하거나, 그가 이런저런 일을 했거나 하지 않았을 거라고 비난합니다. 이때 이 스페인 속담이 도움이 됩니다. 우리가 확신하지 않는 한, 자신이 아는 것을 의심하는 한, 상대방을 비난하거나 그에게 죄를 뒤집어씌워서는 안 됩니다. 오히려 의심은 우리를 자제하게 하고, 그 의혹이 합당한지 면밀히 살펴보게 합니다. 우리는 자신의 주장에 대해 신중해야 합니다.

배우자를 전혀 의심하지 않다가 나중에 실망하는 부부도 있습니다. 한 여성이 제게 이렇게 고백한 적이 있습니다. "저는 남편을 늘 신뢰했어요. 그는 저에게 잘했고 가정에 충실했거든요. 이것을 의심한 적이 없어요. 그런데 남편이 다른 여자에게 마음을 품고 있다는 것을 알게 되었어요." 부부가 서로 신뢰하는 것만큼 좋은 것은 없습니다. 그러나 배우자의 충실성을 지나치게 의심하거나 또는 지나치게 믿어서는 안 되겠지요. 오히려 작은 의혹이 배우자와의 관계를 신중하게 해 주고, 부부 사이를 활기차게 유지시켜 줄 수 있습니다.

※

조용히 앉아서 당신의 배우자나 애인을 떠올려 보세요. 당신은 그 사람을 전폭적으로 신뢰하나요? 무슨 일이 있어도 신뢰할 수 있나요? 그 사람에게 의심이 드는 점은 없나요? 의심이 있다면 그 의심을 면밀히 바라보세요. 의심하는 것을 멈추지 마세요. 그래도 됩니다.

왜 의심이 들었나요? 당신의 불안한 마음 때문은 아니었나요? 이러한 의심이 드는 이유는 우리 자신과 다른 사람에 대한 절대적인 확신이 없기 때문입니다.

그 사람에 대해 의혹이 든다면 이렇게 생각해 보세요. '그가 나에게 충실했고 신뢰를 주고 나를 사랑했는가? 그러한 일들을 모두 믿어도 되는가?'

당신이 지닌 의심과 신뢰에 관해 그 사람과 대화를 나누세요. 두 사람이 서로에게 지닌 의심과 신뢰에 대한 갈망을 허심탄회하게 말한다면, 당신의 의심은 사라지며, 두 사람의 관계는 새로운 확신을 가져다 줄 것입니다.

이렇게 대화를 마치고 깊이 생각한 다음 결정을 내려야 합니다. '나는 그 사람을 위해 결정할 수 있을까?' 당신이 명확히 결정한다면, 의심을 내려놓고 상대방에 대한 신뢰를 강화하는 데 도움이 될 것입니다. 그 결정은 당신을 자유롭게 해 줄 것입니다.

당신은 상대방에 대한 의혹에 주시했고, 상대방과 대화도 나누었습니다. 결정을 내린 뒤에도 의심이 다시 생기는 것을 막을 수는 없습니다. 그러나 이때 "그만!"이라고 단호하게 말할 수 있습니다. 당신은 결정을 내렸습니다. 상대방을 위해 결정을 내리면서 나를 끊임없이 불안하게 만드는 의심에서 풀려납니다.

함께 일하는 이들의 능력에 대한 의심

"두렵다고 말하는 사람을 의심하지 마라.
그러나 의심하지 않는다고 말하는 사람을 두려워하라."

– 에리히 프리트

리더십 프로그램 참석자들에게서 저는 이런 말을 자주 듣습니다. "제 직원 중에 일을 제대로 하는지 의심이 드는 직원이 있습니다. 그 직원도 처음엔 일을 잘했는데, 지금은 일을 너무 느리게 하고 자주 잊어버려요. 이미 여러 번 해 본 일인데도 사소한 것까지 매번 물어봅니다. 그래서 그에게 잘해 보라고 격려해야 할지, 아니면 그를 내보내야 할지 계속 고민이 됩니다."

이러한 의심을 해결하는 두 가지 방법이 있습니다. 하나는 그가 자신의 일에 필요한 능력을 계발할 수 있도록 장려하는 것입니다. 다른 하나는 그 직원에게 이 일을 수행할 능력이 부족하다고 솔직히 말하고 퇴사를 권유하거나 그에게 다른 업무를 맡기는 것입니다. 이에 어느 쪽이 나은지 고민하고 결정을 내려야 합니다. 그러나 계속 의심이 강하게 든다면 결정을 하지 않고, 그 사안이 내 안에서 더 명확해질 때까지 기다리는 것이 좋습니다.

또 다른 참석자도 저에게 이런 이야기를 했습니다. "제가 한 직원에게 팀을 이끄는 업무를 맡겼습니다. 지금까지 그가 일을 잘해 왔으니까요. 하지만 그 부서 직원들은 그가 팀장으로서 결정을 내리지 않고 문제나 갈등을 피하려 한다고 하소연합니다. 처음에는 그의 능력을 믿었지만, 지금은 그가 팀장으로서 능력이 있는지 의심스러워요."

이렇게 직원의 리더십에 의문을 갖는 경영자와 대화를 나누면서 저는 이 의심을 그냥 넘기지 말라고 조언해 주었습니다. 가장 먼저 할 일은 회사 중역과 함께 상의하는 것입니다. 그 직원에게 팀장으로서 능력이 의심스럽다고 바로 말하지 않고, 이렇게 물어볼 수도 있을 것입니다. "팀장으로서 일은 어떻습니까? 맡은 일은 잘 진행되나요?" 그러면 그는 자신의 어려움과 한계에 대해서도 말할 것입니다. 이제 그를 어떻게 도울 수 있을지 구체적으로 생각해 볼 수 있습니다. 그는 리더십 프로그램에 참석하고, 함께 일하는 직원들과 더 많이 소통해야 할 것입니다. 그럼에도 그 부서가 원활하게 돌아가지 않는다고 여긴다면, 그의 부족한 점들을 그에게 솔직하게 말하고, 직원들이 겪은 일들도 말해 주어야 할 것입니다. 이렇게 그를 지지하고 도울 수 있는 모든 방법으로도 변화가 없고 나아지지 않을 때에만 그에게 다른 업무를 맡기는 것을 고민해야 할 것입니다.

함께 일하는 직원의 업무 능력에 대해 의심이 들면 그 직원을 가까이 살피게 되고, 그의 상황에 대해서도 얘기를 듣게 될 것입니다. 이럴 때는 우선 그가 성장할 수 있도록 그를 지원해야 합니다. 그러나 의심이 점점 더 강하게 들고, 전혀 변화가 없는 경우에는 다른 조치를 생각해야 합니다. 그에게 다른 일을 맡기거나 퇴사를 권유하는 것입니다. 그러나 이러한 과정에서 당사자에게 상처를 주어서는 안 됩니다. 그가 다른 곳에서 자신의 능력을 펼칠 수 있도록 격려하는 것이 중요합니다.

기업가들을 만나 보면, 그들은 이러한 문제와 마주하기를 싫어합니다. 반면에 함께 일하는 직원들을 철저하게 의심하는 이들도 있지요. 이러한 사람들은 자신이 근본적으로 사람을 믿지 못하는 것은 아닌지 자문해 보아야 합니다. 결국 함께 일하는 직원들을 믿는 일이 그들의 과제일 것입니다. 직원들의 성품을 믿으면서 능력을 일깨워 주어야 할 것입니다. 이렇듯 의심은 문제를 해결할 수 있는 실마리가 되어 주기도 합니다.

한 여성이 어느 남성 동료와 함께 회사를 이끌었습니다. 하지만 그녀는 그 동료와 계속 갈등에 부딪쳤습니다. 그녀는 그리스도인으로서 이 문제를 풀어야 한다고 생각했고 그를 계속 신뢰했습니다. 하지만 계속 함께 일하는 게 가능할지에 대한 의혹이 남았습니다. 저는 이 남성을 위해 기도하라고 그녀에게 조언했습니다. 그런데 그 여성은 동료를 위해 기도하던 중에 속이 불편하다는 것을 느꼈습니다. 그 뒤에 저와 대화를 나누면서 그녀가 알게 된 점은 그 동료와 결별해야 한다는 확신이 들었다는 것이었습니다. 그녀는 기도를 통해 그와의 관계 개선이 불가능하며, 자신의 의심이 옳았다는 것을 알게 되었습니다.

※

당신은 함께 일하는 직원의 능력을 의심하지는 않나요? 마음을 가라앉히고 그 사람의 내면으로 들어가 묵상해 보세요. '무엇이 그를 움직이게 할까? 무엇이 그를 괴롭힐까? 그는 무엇에 시달릴까? 그는 무엇을 갈망할까? 그가 자신의 능력을 펼치는 데 무엇이 그를 방해할까? 무엇이 그에게 도움이 될까? 그에게 어떤 것이 좋을까?'

이렇게 묵상하고 나서 그 직원을 축복해 주세요. 당신의 축복이 그 사람을 변화시키는 게 아니라, 그를 관통해야 합니다. 그가 자기 자신과 조화를 이루고 오롯이 자기 자신이 되도록 말이지요.

이렇게 축복한 뒤에 다시 한번 당신의 내면의 소리에 귀 기울여 보세요. 그가 자신의 역량을 잘 발휘할 수 있으리라고 생각되나요? 아니면 다른 곳에서 자신의 역량을 펼치게 해야 한다고 생각되나요?

나 자신에 대한 의심

"어찌하여 너희 마음에 여러 가지 의혹이 이느냐?"

− 루카 24,38

　다른 사람에 대한 의심도 있지만 나 자신에 대한 의심도 있습니다. 우리는 자신이 사람들과 관계를 잘 맺고 잘 어울리는지 의심합니다. 사람들과의 관계뿐 아니라 내 삶을 잘 펼쳐 나갈 수 있는지, 내 삶을 지혜롭게 주도해 나갈 수 있는지도 의심합니다. 이처럼 나에 대한 모든 것에 의혹을 품습니다. 우리 안에는 종종 '내면의 재판관'이 자리 잡고 있습니다. 심리학자 프로이트는 이것을 '초자아'라고 부르는데, 초자아는 우리에게 끊임없이 의혹을 갖게 하고 우리의 자존감을 무너뜨립니다. 또한 우리를 불안하게 만듭니다. 그렇게 되면 우리는 더 이상 이렇게 말할 수 없습니다. "이 내적 목소리는 우리의 양심에서 나온 건가? 부모에게 영향을 받은 초자아의 판단에서 나온 것인가?"

자기 자신을 의심하는 사람들은 아무것도 믿지 않습니다. 그들은 자기 자신에 대한 의심에 갇혀 있기 때문에 삶을 놓칩니다. 그래서 사람들과 관계를 잘 맺지 못하고 새로운 일자리도 잘 찾지 못합니다. 이 일이 자기에게는 적합하지 않다고 여기며, 더 나은 사람들이 있을 거라고 생각합니다. 이렇게 나 자신에 대한 의심은 나를 삶으로부터 멀어지게 할 수 있습니다.

사람들과 대화하면서 자기 자신에 대한 의심이 얼마나 근본적인 문제인지 알게 됩니다. 한 여성은 어렸을 때 자기가 부모의 친자녀인지, 아니면 다른 곳에서 데려온 아이인지 늘 의심했다고 합니다. 이러한 의심은 사람을 불안하게 만듭니다. 이 의심이 어디서 오는지 정확하게 말하기는 어렵지만 아마도 자신의 정체성이 불확실하기 때문일 것입니다. 이러한 불확실함은 자신의 능력과 삶의 성공에 대해서도 계속 의심하게 만듭니다.

어린아이가 자신이 부모의 친자녀인지 의심하는 것처럼 자신에 대한 의심은 대개 삶의 특정한 단계에서 지속됩니다. 사춘기에는 자신의 정체성에 대한 의심이 생깁니다. '나는 누구인가?' 이때에는 기존의 정체성이 흔들린다는 것을 느끼게 되고, 자신이 누구인지 고민하게 됩니다. 이는 자신의 정체성을 확립하라는 도전이기도 합니다.

이렇게 정체성에 대한 의심은 보통 18세에서 24세 사이에 새로운 형태로 드러납니다. 지금까지는 집에서 별 어려움 없이 잘 지냈다가, 대학에 진학하면서 집과는 떨어진 타지에서 생활하게 됩니다. 이때 달라진 환경에 어찌할 바를 모르고 자신을 의심합니다. 전공 분야를 제대로 선택했는지, 공부를 잘 해낼 수 있는지 의심스럽습니다. 이러한 의심은 종종 사람을 우울하게 만듭니다. 이와 유사한 의심이 중년에도 나타납니다. 중년에 이른 사람들은 자문합니다. '지금까지 내가 이룬 것은 무엇일까? 나는 단지 성공한 엄마에 불과한 걸까? 나의 진짜 정체성은 뭘까? 앞으로는 어떻게 보내야 할까?'

부모의 사랑과 관계된 의심도 있습니다. 아이들은 부모의 사랑을 의심합니다. 부모에게 꾸지람을 듣거나 체벌을 받는다면, 또는 부모가 자기를 웃음거리로 만들었다면 자녀는 부모가 자기를 정말로 사랑하는지 아니면 자기가 부모에게 짐만 되는지를 의심합니다. 부모의 사랑에 대한 의심은 자신의 가치에 대한 의심으로도 이어집니다. 내가 사랑스럽다는 것을 의심하고, 내가 소중한 존재여서 부모가 나를 사랑한다는 것을 의심합니다. 그리고 그 의심들은 나에게 관심을 주는 사람이 그것을 정말로 진지하게 여기는지, 아니면 내게서 무언가를 원하기 때문에 친절한 것인지 계속 의심하게 됩니다.

자기 자신에 대한 의심은 고통스럽습니다. 이런 사람들은 자신감이 없습니다. 쉽게 잠들지 못하고 자신이 한 말이나 행동에 대해 끊임없이 의혹을 품습니다. 그는 사소한 일에도 의문을 갖습니다. '그건 좋지 않았어. 다른 사람들이 나를 어떻게 생각할까? 내가 왜 그렇게 우습게 말했을까? 어찌하여 그렇게 이상한 태도를 보였을까?' 이렇게 자기 자신에 대한 의심은 자신을 질책하고 비난하여, 자존감을 떨어뜨립니다.

얼마 전, 한 여성이 자기에 대한 의심으로 가득 차 있다고 털어놓았습니다. 그녀는 자기가 좋은 엄마인지, 자녀를 잘 양육하는지 의문이 든다고 했습니다. '내가 무엇을 잘못했을까? 아이들이 내가 바란 대로 발전하지 않는 것이 내 탓 아닐까? 나로 인해 아이들도 자신감이 없는 걸까?' 또한 회사 생활에서도 자기에 대한 의심으로 괴로워했습니다. '나는 일을 잘하는 사람일까? 상사는 나에게 만족할까? 더 나은 방법으로 일해야 하지 않을까?'

이렇게 그녀는 자기에 대한 의심으로 많은 에너지를 씁니다. 편안한 마음으로 일할 수 없기 때문입니다. 그 여성은 항상 이 '내면의 재판관'을 동반합니다. 이 존재는 그녀의 모든 행동뿐만 아니라 모든 생각까지도 의혹을 품게 합니다. '내가 제대로 이해한 건가? 내 생각이 이상하거나 잘못된 건 아니겠지?' 그녀는 다른 사람들과 만나는 것이 어렵습니다. 그 여성은 다른 사람들이 자기를 원하는지, 그들 앞에서 제대로 행동할지 의혹을 품습니다. 자신에 대한 이러한 의심은 심각한 불안으로 이어집니다. 그녀는 불안에 시달리면서도 자기 자신에 대한 의심을 떨쳐 버릴 수 없습니다.

자기 자신에 대한 의심을 갖게 되는 원인은 부모에게서 비롯되는 경우가 많습니다. 부모는 자녀에게 끊임없이 잔소리를 합니다. "넌 왜 이렇게 굼뜨니? 제대로 할 줄 아는 게 있기나 하니? 네 친구들은 다들 잘하는데, 넌 왜 그 모양이니? 그렇게 무능력해서 제대로 밥벌이는 할 수 있겠어?"

부모가 쏟아 내는 이러한 말들은 자녀에 대한 의심을 나타내며, 자녀에게 상처를 줍니다. 그렇게 상처 주는 말은 자녀의 마음에 깊이 박혀 있습니다. 그리고 이것은 자신의 초자아가 하는 말이 됩니다. 즉 부모의 이러한 의심과 태도가 자녀의 초자아로 형성되는 것입니다. 자신에 대한 이러한 의심을 단순히 내려놓기는 힘듭니다.

통찰만으로는 자신에 대한 의심을 버릴 수 없습니다. 결국 이 오래된 의심을 지우고 우리 자신을 신뢰하기 위해서는 긴 연습 과정이 필요합니다.

※

조용한 곳에서 홀로 앉아 내면의 말에 귀 기울여 보세요. 그리고 당신 안에서 온갖 의심이 위로 올라오게 하고 그 의심들을 바라보세요. 그런 다음 그 모든 의심에 답해 보세요. 20분 동안 자리에 앉아서 "바로 나다."라는 말을 묵상해 보세요. 이는 예수님이 부활하신 후 제자들에게 나타나서 하신 말씀입니다(루카 24,39 참조).

제자들은 그분이 실제로 자신들이 알았던, 십자가에 못 박혀 돌아가신 바로 그 예수님인지 의심했습니다. "에고 에이미 아우토스ego eimi autos(바로 나다)."라는 그리스어 문장은 스토아 철학에서 특별한 의미를 지닙니다. '아우토스'는 내적 성전을 의미하는데, 우리가 본래의 순수한 자아를 만나는 곳을 말합니다. 이에 따라 당신 안에서 떠오르는 모든 생각과 의심을 향해 "바로 나다."라고 되뇌세요. 그러고 나면 의심이 당신에게서 떨어져 나올 것입니다.

당신이 부모의 기대와 자신의 생각을 모두 충족시킬 수 있는지는 전혀 중요하지 않습니다. 부모에게 사랑받았는지도 중요하지 않습니다. 아무것도 증명할 필요가 없습니다. 당신은 그저 단순히 있어도 됩니다. 당신이 "바로 나다."라는 말로 자기 암시를 한다면, 의혹은 가라앉을 것입니다. 의심은 더 이상 중요하지 않습니다. 당신은 자신의 참된 본질을 느낄 수 있습니다. 그 누구도 당신을 의심함으로써 당신의 참된 본질을 깎아내릴 수 없습니다. 당신도 당신 자신을 의심하지 않는다면, 당신의 참된 본질은 무너지지 않을 것입니다.

2장

아무것도 믿지 않는다고 말하지만

의심, 믿음의 요소

"믿음은 우리가 바라는 것들의 보증이며

보이지 않는 실체들의 확증입니다."

- 히브 11,1

가르멜회원 라인하르트 쾨르너Reinhard Körner는 믿음과 의심의 관계를 다음과 같이 기술합니다. "의심은 하느님의 특성과 그분의 신비에 부합한다. 하느님의 신비는 우리가 생각하고 말할 수 있는 것보다 훨씬 심오하다. 이데올로기와 '확신'이 아니라 하느님의 현존을 찾는 진정한 영적 삶은 적어도 때로 '위기'에 직면할 수밖에 없을 것이다."[12]

가톨릭 신학에서 의심은 근본적으로 믿음에 속합니다. 반면 마르틴 루터는 의심을 믿음의 반대라고 여겼습니다. 그는 의심을 불신과 동일시합니다. 루터에게 믿음은 "진리를 깨닫는 것"[13]입니다. 이에 따라 그는 의심을 배제합니다. 물론 루터도 "신앙생활은 언제나 의심과 유혹으로부터 위협받는다는 것"[14]을 알았습니다.

개신교 신학자인 폴 틸리히는 의심을 믿음의 한 요소로 봅니다. "하느님과 인간 사이의 무한한 거리는 결코 좁혀질 수 없다. 그 거리는 인간의 유한함과 동일시된다. …… 믿음이 자신 안에 있는 의심을 버린다면, 믿음은 믿음이 아니라 신비적 합일 unio mystica일 것이다."[15]

틸리히는 믿음을 확신으로 변모시키는 두 가지 방법을 제시합니다. 바로 정통주의와 경건주의입니다. 가톨릭 교회에서 정통주의는 권위에 복종하는 것일 테고, 경건주의는 내적 체험을 통해 의심 가능성을 없애려는 것입니다. 그러나 이 두 가지 방법으로는 의심을 실제로 극복할 수 없습니다. 인간이 하느님과 일치하더라도, 하느님과 인간 사이의 거리는 없앨 수 없습니다.

그러나 틸리히는 의심의 원인을 무한하신 하느님과 유한한 인간 사이의 거리에서뿐만 아니라 인간의 유한함 안에서도 봅니다. "유한함은 의심을 포함한다. 전체만이 진리이기 때문이다. 그러나 유한한 본질은 전체를 지니지 않는다. 그러므로 의심이 인간의 본질에 속한다는 것을 우리가 인식한다면, 이는 우리의 유한함을 시인한다는 뜻이다."[16]

이러한 근본적 의심은 실재實在를 늘 새롭게 분석하도록 합니다. 틸리히는 인간의 본질에 속하는 이러한 근본적 의심과 실존적 의심을 구분합니다. 실존적 의심은 인간이 존재와 영원한 것으로부터 멀어지고, 하느님과 멀어졌음을 의미합니다. "소원한 상태에서 영원한 것과의 일치가 깨졌다면, 불확실함이 최고 수준에 이르고 절망으로 내몰리게 된다. 의심도 최고조에 달하고, 진실을 거부하는 상태로 내몰리게 된다."[17]

틸리히의 생각은 우리가 의심과 믿음을 다양한 측면에서 고찰할 수 있다는 것을 보여 줍니다. 우리는 하느님의 본질과 인간의 본질에 대해 깊이 생각해 볼 수 있습니다. 또한 인간이 자기 자신과 멀어짐에 따라, 그리스도가 보여 주신 '새롭게 변화된 삶'과 멀어짐에 따라 생기는 의심에 대해 숙고할 수 있습니다. 또는 인간이 이렇게 새롭게 변화된 삶에 동참할지에 관한 의심도 숙고해 볼 수 있습니다.

의심과 믿음의 관계에 대해 신학적으로 접근하기 전에, 이에 대한 성경을 먼저 살펴보고 우리 상황에 맞게 해석해 보겠습니다.

성경에 등장하는 의심

"네 손을 뻗어 내 옆구리에 넣어 보아라.
그리고 의심을 버리고 믿어라."

- 요한 20,27

성경은 믿음과 의심이 긴밀한 관계임을 드러냅니다. 의심하는 이들을 통해서 믿음의 중요한 요소들을 기술합니다. 성경에 등장하는 인물들은 의심을 통해 성장했습니다. 이것은 하느님과 믿음에 대한 우리의 의심을 진지하게 바라보게 합니다.

물에 빠진 베드로

의심에 관한 유명한 인물은 예수님이 물 위를 걸으시는 이야기(마태 14,22-33 참조)에 등장하는 베드로입니다. 배 안에 있는 제자들은 맞바람을 맞습니다. 파도의 수위가 점점 높아지자 제자들은 물에 빠질까 두렵습니다. 예수님은 새벽녘에 호수 위를 걸어 그들 쪽으로 가십니다. 제자들은 그 모습을 보고 겁에 질려 예수님을 유령이라고 여깁니다. 그렇지만 예수님이 그들에게 "두려워하지 마라."고 말씀하시자, 베드로는 돌연 용기를 냅니다. 그리고 예수님께 말합니다. "주님, 주님이시거든 저더러 물 위를 걸어오라고 명령하십시오."(마태 14,28) 예수님은 그에게 오라고 말씀하십니다. 이어서 베드로는 배에서 내려 물 위를 걸어 예수님께 갑니다.

그러나 거센 바람과 높은 파도를 보고서 두려워진 베드로는 그만 물에 빠집니다. 그는 구해 달라고 외칩니다. 예수님이 곧 손을 내밀어 그를 붙잡으시고 말씀하십니다. "이 믿음이 약한 자야, 왜 의심하였느냐?"(마태 14,31) 베드로는 예수님에 대한 깊은 믿음으로 배에서 내렸지만, 높은 파도에 대한 두려움으로 물 위를 걸어오라고 하신 예수님의 말씀을 의심했던 것입니다. 예수님은 그의 약한 믿음에서 의심의 원인을 보십니다.

마르코 복음서(6,45-52 참조)와 요한 복음서(6,16-21 참조)에서는 이 이야기의 관점을 믿음과 불신의 선택에 둔 반면, 마태오 복음서는 굳건한 믿음과 약한 믿음의 대조에 관점을 두었습니다. 약한 믿음은 의심을 갖게 만듭니다. 의심은 두려움과 결부되어 있습니다. 이때 의심이 두려움으로 이끄는지 아니면 두려움이 의심에 영향을 미치는지는 명확하지 않습니다. 하지만 두려움과 의심은 긴밀히 연관되어 있습니다. 두려워하는 사람은 하느님이 자기를 파도가 사나운 호수에서 구해 주신다는 것에 의혹을 품습니다.

의심으로 인해 베드로는 물에 빠지지만 동시에 구조됩니다. 예수님이 곧 손을 내밀어 의심하는 베드로를 붙잡으시고 그와 함께 배에 오르시기 때문입니다. 이에 비추어 볼 때, 의심은 베드로가 구조되는 체험을 위한 조건이 됩니다. 예수님은 베드로의 의심을 책망하시지만 그를 구제해 주심으로써 그의 의심에 응답하십니다.

이 이야기를 우리에게 적용해 볼까요? 우리에게도 옴짝달싹 못하게 하는 상황들이 존재합니다. 이러한 상황에서 우리는 의심과 절망을 체험합니다. 하느님이 우리를 이 어려움에서 구해 주실지 의심합니다. 하지만 성경에서는 높은 파도와 맞바람에 시선을 두지 말고 호수 위를 걸으시는 예수님을 바라보라고 합니다. 그러나 우리도 베드로처럼 예수님과 사나운 호수 사이를 오가며 허우적댑니다. 위험을 간과해서는 안 되지만, 우리는 그 위험을 넘어 예수님을 바라보아야 합니다. 그러면 그분께서는 우리의 의심을 구원의 체험으로 바꾸어 주실 것입니다.

❈

마태오 복음서의 이 장면을 상상해 보세요. 당신은 배 안에 있으며 배가 가라앉을지 모른다는 두려움에 휩싸여 있습니다. 예수님이 물 위를 걸어 배 쪽으로 오십니다. 당신은 어떻게 반응할 건가요?

당신이 베드로가 되었다고 생각해 보세요. 당신도 용기를 내어 배에서 내려 물 위를 걸어 예수님께로 갑니다. 그러나 이어서 당신의 머리 위를 덮치는 집채 같은 파도가 칩니다. 당신은 이때 어떻게 할 건가요? 베드로처럼 두려움을 느끼고 그분을 의심하지는 않을까요? 만일 그렇다면, 예수님이 손을 내미시어 당신을 안전하게 데려다주실 것입니다.

이 이야기를 당신 삶의 표상으로 여기고 스스로 질문해 보세요.

'살아오면서 실패할지도 모른다는 두려움을 느낀 적이 있었는가? 내게 주어진 일을 잘 마칠 수 있는지 의심하지는 않았는가? 꼼짝 못 할 정도로 어려운 상황에 처했을 때 하느님이 도와주신다는 것을 의심하지는 않았는가?'

그리고 나서 출구가 보이지 않을 정도로 힘든 상황에서 예수님이 손을 내미시어 당신의 모든 두려움과 의심을 뚫고 지나가게 하시고 당신을 안전한 배 안으로 데려다주신다면 어떨지 상상해 보세요.

모든 것에 의문을 품은 코헬렛

성경에서 의심을 하는 전형적인 인물은 코헬렛입니다. 그는 사람들의 모든 행복에 의혹을 품습니다. 그는 사물 이면을 보며 모든 게 허무이고, 아무것도 남지 않는다고 여깁니다. 이처럼 그는 소유, 성공, 인간의 삶, 지식, 행복 등 세상의 모든 것에 의문을 갖고 이의를 제기합니다. 그것들은 허무에 지나지 않고, 아무것도 붙잡을 수 없다는 것이지요. 그렇지만 코헬렛은 이 모든 것이 하느님의 뜻에 따라 이루어지고 하느님은 인간을 좋게 여기신다고 확신합니다. 인간은 현실을 따르려면 자신의 환상을 버려야 합니다. 코헬렛은 재판관들이 법을 말하는 것에도 의혹을 품습니다. "나는 또 태양 아래에서 보았다, 공정의 자리에 불의가 있음을, 정의의 자리에 불의가 있음을."(코헬 3,16)

코헬렛은 여덟 가지 지혜에 관해 기술합니다(코헬 6,10-9,6 참조). 이 내용들은 당시에 그리스인들뿐만 아니라 유다인들에 의해서도 널리 알려진 가르침입니다. 하지만 코헬렛에게는 이 가르침이 듣기 좋은 것 같지만 맞지 않습니다. 그래서 코헬렛은 예컨대 "지혜는 상

속 재산처럼 좋은 것"(코헬 7,11)이라는 당연한 말에도 의혹을 품습니다. 그는 또 현명한 사람의 말로가 얼마나 비참한지 보기를 제시합니다. 그리고 이에 따라 성경을 읽는 이들에게 경고합니다. "너는 너무 의롭게 되지 말고 지나치게 지혜로이 행동하지 마라. 어찌하여 너는 너 자신을 파멸시키려 하느냐?"(코헬 7,16)

코헬렛은 모든 인간적 지식과 정의에 대한 갈망, 경건한 삶에 대한 갈망을 의심하며 이렇게 기술합니다. "모든 것이 허무로다!" 모든 것은 허상입니다. 인간은 삶과 자기 존재의 비밀을 이해할 수 없습니다. 그에게 유일하게 남아 있는 것은 하느님을 의지하는 일입니다. 하느님만이 우리에게 의미 없는 모든 것의 의미를 알고 계십니다. 그리고 그분이 하시는 일만이 완전합니다. 모든 인간의 지혜, 모든 인간적 추구는 결국 허무일 뿐입니다.

코헬렛은 지혜를 추구할 때마다 이렇게 깨닫습니다. "내가 지혜를 알려고 또 땅 위에서 이루어지는 일을 살피려고 낮에도 밤에도 잠 못 이루면서 내 마음을 쏟았을 때 나는 하느님께서 하시는 모든 일과 관련하여 태양 아래에서 이루어지는 일을 인간은 파악할 수 없음을 보았다."(코헬 8,16-17)

그러나 의심하면서도 코헬렛은 하느님이 모든 것을 좋고 아름답게 만드셨다고 확신합니다. 인간은 세상의 신비와 하느님의 신비를 풀 수 없습니다. 지금 이 순간에 살아 있다는 것과 자신을 즐겁게 해 주는 것으로 만족해야 합니다. "너는 기뻐하며 빵을 먹고 기분 좋게 술을 마셔라."(코헬 9,7) 그리고 인간은 자신에게 주어진 일을 적극적으로 해야 합니다. "네가 힘껏 해야 할 바로서 손에 닿는 것은 무엇이나 하여라."(코헬 9,10) 의심으로 인해 이 순간에 해야 할 일을 하지 못하게 되면 안 됩니다. 또한 우리 삶이 방해되어서도 안 됩니다. 오히려 우리는 주어진 삶을 있는 그대로 받아들이고 이에 따라 최선을 다해야 합니다.

※

코헬렛처럼 당신도 모든 것에 의혹을 품어 보세요. 모든 게 허무일 뿐입니다. 아무것도 의지할 수 없습니다.

당신이 이러한 의심에 휩싸인다면, 당신에게 확신을 줄 무언가가 존재하나요? 이럴 때 삶에 대해 감사한 마음을 지닐 수 있나요? 살면서 기쁨을 느끼나요? 잘 사는 것, 하느님의 뜻에 따라 사는 것이 당신에게 기쁨을 주나요? 당신이 굳건히 설 수 있는 토대는 무엇인가요?

의심이 들 때마다 하느님이 그 자리에 계신다고 생각하나요? 당신이 의혹을 품는 것에 하느님이 어떤 의미를 부여하실까요? 모든 게 무의미해 보일 때마다 당신은 하느님의 드넓은 손 안에 있으며 이 안에서 떨어져 나갈 수 없다는 것을 신뢰하세요. 이 모든 것이 하느님께 이어진다는 것을 믿으세요.

욥의 의심

그리스도교 전통에서는 욥을 인내하고 고통받는 사람으로 여깁니다. 그렇지만 성경은 그를 의심하는 사람이자 도전하는 사람으로 묘사합니다. 욥의 친구들은 고통에 관해 명료하고 확실한 이론을 고수합니다. 고통은 죄의 결과이거나 인간적 약함의 결과이고, 하느님이 인간에게 가르치는 수단입니다.[18] 욥은 이 세 가지 이론에 의혹을 품고 이 이론을 거부합니다. 욥은 자신의 운명에 대해 구체적으로 언급합니다. 자기는 의롭게 살기 위해 노력했다고 확신하며, 고통이 죄에 대한 벌이라는 가르침에 의혹을 품습니다.

그러나 욥은 고통에 대한 의혹뿐만 아니라 친구들에 대해서도 의혹을 갖습니다. 친구들은 그를 이해하지 못하고 자기네 이론을 구실로 둘러댑니다. 이 때문에 욥은 그들이 자기를 실제로 도와줄지 의혹이 듭니다. "내 형제들은 개울처럼 나를 배신하였다네, 물이 넘쳐흐르던 개울 바닥처럼."(욥 6,15)

또한 욥은 하느님을 의심하고 그분께 반항합니다. "학대하시는 것이 당신께는 좋습니까? 악인들의 책략에는 빛을 주시면서 당신 손의 작품을 멸시하시는 것이 좋습니까?"(욥 10,3)

욥은 하느님이 자기를 다루시는 방식에 대해서도 그분께 하소연합니다. "하느님께서는 편안하게 살던 나를 깨뜨리시고 덜미를 붙잡아 나를 부수시며 당신의 과녁으로 삼으셨네."(욥 16,12 참조)

결국 하느님은 욥을 의롭게 해 주십니다. 욥은 의심하고 불평하면서도 마침내 하느님에 관해 옳게 말한 반면, 그의 친구들은 하느님을 옹호하는 발언을 하지만 그분의 본질을 제대로 파악하지 못했습니다. 그들은 하느님에 관해 말한 게 아니라, 자신들이 하느님과 고통에 관해 정립해 놓은 이론만 말했습니다.

하느님께서는 창조 세계의 웅대함과 경이로움을 말씀하시고 이어서 욥에게 "불평꾼이 전능하신 분과 논쟁하려는가?"(욥 40,2)라고 하시며 응답하라고 요구하십니다. 욥은 이렇게 대답합니다. "저는 보잘것없는 몸, 당신께 무어라 대답하겠습니까? 손을 제 입에 갖다 댈 뿐입니다. 한 번 말씀드렸으니 대답하지 않겠습니다."(욥 40,4-5)

욥은 창조 세계의 웅대함에 깊이 감동했고 하느님은 모든 인간적 상상과 이론을 뛰어넘는 분이심을 깨닫습니다. 웅대한 자연에 대한 경이로움은 그를 침묵하게 만듭니다. 끝으로 하느님은 욥의 친구들을 꾸짖으시고 욥을 의롭게 해 주십니다. "너와 너의 두 친구에게 내 분노가 타오르니, 너희가 나의 종 욥처럼 나에게 올바른 것을 말하지 않았기 때문이다."(욥 42,7)

당신을 욥이라고 생각해 보세요. 당신은 큰 고통을 겪었습니다. 친구들과 지인들은 그에 대한 책임이 당신에게 있으며, 당신이 잘못 살아왔기 때문이라고 말합니다. 당신은 이렇게 말하는 친구들에게 어떻게 반응하겠습니까? 친구들은 당신이 당하는 고통을 이해하지 못한다고 생각할 것입니다.

그렇다면 하느님과 대화해 보세요. 당신은 하느님이 자신에게 너무 많은 고통을 주셨다고 불평할 것입니다. 하느님은 당신의 불평을 참아 내십니다. 당신은 마음에 떠오르는 모든 불평을 그분께 퍼부을 수 있습니다. 그러나 이어서 광활한 우주와 그 수를 헤아릴 수 없는 별들과 은하수를 그려 보세요. 당신에게도 욥과 유사한 일이 일어날 것입니다.

이제 당신은 무한히 위대하고 깊은 감동을 주는 창조 세계를 바라보며 자신에게 말합니다. '내가 왜 고통을 겪었는지 여전히 이해할 수 없다. 그러나 이 무한한 세상을 바라보며 그 이유를 묻는 것을 멈춘다. 나는 영원하시고 이해할 수 없는 하느님께 몸을 깊이 숙인다.'

시편에 묘사된 의심들

많은 시편에서 기도하는 이는 하느님께서 뒤로 물러나셨고, 그분의 도우심(구원)을 체험할 수 없다고 하소연합니다. 시편 13편에도 그런 내용이 나옵니다. "주님, 언제까지 마냥 저를 잊고 계시렵니까? 언제까지 당신 얼굴을 제게서 감추시렵니까? 언제까지 고통을 제 영혼에, 번민을 제 마음에 날마다 품어야 합니까? 언제까지 원수가 제 위에서 우쭐거려야 합니까?"(시편 13,2-3)

기도하는 이는 "언제까지"라는 의혹이 담긴 말을 네 번이나 하면서 하느님께 불평합니다. 그는 하느님이 자기를 구원해 주실지 의혹을 품습니다. 그는 너무나 오랫동안 고통을 당했고, 하느님이 자기 곁을 떠나셨다고 여깁니다. 그렇지만 의혹이 담긴 말로 하느님께 불평하더라도 그분의 도우심을 청하며 간절히 기도한 뒤에 다시 하느님을 신뢰합니다. "저는 당신 자애에 의지하며 제 마음 당신의 구원으로 기뻐 뛰리이다."(시편 13,6)

많은 시편에서 기도하는 이가 이와 유사한 체험을 한다는 것을 알게 됩니다. 그는 하느님의 도우심에 의혹을 품습니다. 그는 하느님이 자기를 홀로 내버려 두셨다고 그분께 하소연합니다. 그렇지만 이어서 새로운 신뢰를 갖고 기도합니다. 그는 하느님이 자신의 의심을 비난하지 않으시고, 곤경에 처한 자신이 하는 말에 귀 기울이시며 결국 자기를 도와주시고 그 곤경에서 구해 내신다는 것을 압니다.

시편에서 다른 사람들(특히 악인들과 원수들)은 종종 기도하는 이를 설득하여 하느님을 의심하게 합니다. "사람들이 제게 온종일 '네 하느님은 어디 계시느냐?' 빈정거리니 낮에도 밤에도 제 눈물이 저의 음식이 됩니다."(시편 42,4) 악인들이 신심 깊은 이를 설득하여 하느님의 도우심을 의심하도록 영향을 미치고, 의혹을 품게 합니다. "어찌하여 저를 잊으셨습니까? 어찌하여 제가 원수의 핍박 속에 슬피 걸어가야 합니까? 적들이 '네 하느님은 어디 계시느냐?' 온종일 제게 빈정대면서 제 뼈들이 으스러지도록 저를 모욕합니다."(시편 42,10-11) 그렇지만 기도하는 이는 결국 다시 그분을 신뢰합니다. "하느님께 바라라. 나 그분을 다시 찬송하게 되리라, 나의 구원, 나의 하느님을."(시편 42,12)

시편 88편에서 기도하는 이는 자기 영혼은 불행으로 가득 차고 자기 목숨은 저승에 다다랐다고(시편 88,4 참조) 하느님께 하소연합니다. 이어서 그는 하느님의 의로운 행위와 영원한 생명을 얻는 것에 대해 의혹을 품습니다. "죽은 이들에게 당신께서 기적을 이루시겠습니까? 그림자들이 당신을 찬송하러 일어서겠습니까? 무덤에서 당신의 자애가, 멸망의 나라에서 당신의 성실이 일컬어지겠습

니까? 어둠에서 당신의 기적이, 망각의 나라에서 당신의 의로움이 알려지겠습니까?"(시편 88,11-13)

여기서 기도하는 이는 이 시편 끝부분에 이르러서 하느님이 벗과 이웃을 자기에게서 멀어지게 하셨다고 확신합니다. "어둠만이 저의 벗이 되었습니다."(시편 88,19) 하느님에 대한 의심이 신뢰를 통해 사라졌던 다른 시편과는 달리 시편 88편은 의심으로 끝맺습니다. 즉 그에게는 벗과 이웃이 없습니다. 하느님도 더는 사람들이 신뢰할 수 있는 분이 아닙니다. 남아 있는 유일한 벗은 어둠입니다. 기도하는 이는 이러한 강한 의심을 하느님께 말씀드립니다. 그럼에도 하느님이 자기를 홀로 내버려 두지 않으리라는 희망이 불꽃처럼 그에게 반짝입니다.

시편 79편에서 온 백성은 다른 민족들이 하느님 소유의 땅으로 쳐들어와 그분의 거룩한 궁전을 더럽혔다고 하느님께 하소연합니다(시편 79,1 참조). 오늘날 교회가 처한 상황을 바라본다면, 우리는 이와 유사하게 하소연할 것입니다. 그리고 하느님이 당신의 교회를 선택하신 것에 대해 의혹이 들 것입니다. 주어진 권한을 남용한 사건들이 교회를 더럽혔고 원수들이 교회 안으로 들어왔다는 생각이 듭니다. 우리는 하느님이 이 교회를 지켜 주실지 의혹을 품습니다. 그러나 기도하는 공동체에서는 하느님의 팔은 강하고 그분은 당신의 교회를 유지하신다고 믿습니다. 이것은 하느님을 다시 찬미하는 충분한 이유입니다.

"그러나 저희는 당신의 백성 당신 목장의 양 떼. 저희는 끝없이 당신을 찬송하고 대대로 당신에 대한 찬양을 전하오리다."(시편 79,13)

❈

시편 88편과 91편으로 기도해 보세요. 시편 88편에서 하느님은 당신의 온갖 의심, 당신의 곤경과 어려움에 대한 하소연을 그대로 들어 주십니다. "당신께서 벗과 이웃을 제게서 멀어지게 하시어 어둠만이 저의 벗이 되었습니다."(시편 88,19) 마음이 고요한 가운데 시편 88편의 마지막 구절이 당신 안에서 오랫동안 머물도록 해 보세요. 고독을 느껴 보세요.

그런 다음 시편 91편을 읽으면서 천천히 기도해 보세요. 의심을 없애는 데 시편 91편이 도움이 될 것입니다. 이제 하느님을 깊이 신뢰하며 이렇게 기도해 보세요. "그분께서 당신 천사들에게 명령하시어 네 모든 길에서 너를 지키게 하시리라. 행여 네 발이 돌에 차일세라 그들이 손으로 너를 받쳐 주리라."(시편 91,11-12)

그리고 기회가 된다면 멘델스존의 오라토리오 〈엘리야〉를 들으면서 당신의 의심을 없애 주는 하느님을 가까이 느껴 보세요.

의심하는 토마스

요한 복음서는 토마스 사도를 의심이 많은 전형적인 인물로 묘사합니다. 예수님이 제자들에게 그들을 위해 자리를 마련하겠다고 하시면서, 당신이 어디로 가시는지 그들이 그 길을 알고 있다고 말씀하십니다. 이에 토마스가 그분께 여쭙니다. "주님, 저희는 주님께서 어디로 가시는지 알지도 못하는데, 어떻게 그 길을 알 수 있겠습니까?"(요한 14,5) 예수님은 이렇게 대답하십니다. "나는 길이요 진리요 생명이다."(요한 14,6)

토마스의 의심으로, 예수님은 당신에 관해 더 많이 말씀해 주시고 제자들에게 당신의 본질을 더 드러내십니다. 이 말씀은 오늘날 우리에게 그분을 따르는 길이 되어 줍니다.

부활하신 예수님은 제자들을 만나십니다. 제자들은 모두 예수님의 발현으로 마음이 크게 동요되었습니다. 그런데 토마스는 "우리는 주님을 뵈었소."(요한 20,25)라는 동료들의 말에 의혹을 품습니다. 그는 예수님의 손에 있는 못 자국을 눈으로 보고 그 못 자국에 손가락을 넣어 보고 또 그분 옆구리에 손을 넣지 않고서는 믿지 못하겠다고 말합니다. 그는 동료들의 말이 맞는지 직접 확인해 보려 합니다. 예수님은 이에 응하십니다. 그분은 토마스에게 이렇게 말씀하십니다. "네 손가락을 여기 대 보고 내 손을 보아라. 네 손을 뻗어 내 옆구리에 넣어 보아라. 그리고 의심을 버리고 믿어라."(요한 20,27)

당신 몸에 손을 대라는 예수님의 말씀에 토마스는 모든 의심을 해소합니다. 이제 그는 예수님의 옆구리에 손을 넣어 볼 필요가 전혀 없습니다. 예수님이 그에게 당신 몸에 손을 대라고 한 사실만으로도, 그는 다음과 같이 가장 명확한 신앙 고백을 합니다. "저의 주님, 저의 하느님!"(요한 20,28) 이 말은 예수님의 제자여야 할 수 있는 신앙 고백입니다. 이렇게 의심은 토마스를 예수님이 누구신지 명확히 알도록 했을 뿐만 아니라 부활하신 예수님과 더 깊이 만날 수 있게 했습니다.

토마스는 의심을 통해 예수님을 주님으로 체험합니다. 이제 그는 예수님을 신뢰합니다. 복음서에서는 실제로 토마스가 예수님에게 손을 넣었는지에 대해서는 언급하지 않습니다. 하지만 성경 주석가 대부분은 토마스의 의심에 대한 예수님의 대답이 그가 의심을 모두 풀고 놀라운 신앙 고백을 하게 된 이유라고 여깁니다.

교회의 가르침을 단순히 믿는 것으로는 충분하지 않습니다. 요한 복음서에 나오는 토마스 사도의 이야기가 그것을 보여 줍니다.

우리는 우리가 무엇을 믿는지 알기를 원합니다. 이것은 우리의 합당한 권리입니다. 우리는 체험하지 않고서도 믿음을 증명할 수 있습니다. 그러나 체험은 믿음을 더 강하게 합니다. 그러하기에 우리는 믿음을 생생하게 체험하기를 원합니다.

예수님은 토마스가 옳다고 여기십니다. 그는 의심해도 됩니다. 그리고 자신의 의구심을 풀기 위해 두 눈으로 보고 손가락으로 느끼고 만져 보아도 됩니다. 이와 동시에 예수님은 토마스에게 믿음의 더 깊은 형태를 가르쳐 주십니다. "보지 않고도 믿는 사람은 행복하다."(요한 20,29)

신약 성경 주석 학자 클라우스 베르거는 토마스 사도의 의심과 그가 의심을 극복한 것을 다음과 같이 해석합니다. "토마스는 의식적으로 이렇게 말했을 것이다. '사람들은 희망적 관측으로 인해 얼마나 쉽게 속는가. 그리고 긍정적인 메시지로 인해 얼마나 쉽게 자신을 속이고 또 감동하는가.' 라이마루스 이래 근대 주석 학자들의 의심도 바로 그랬다. 그는 부활 사건을 체험한 제자들을 다음과 같이 비난했다. '그들은 출세하기 위해 음모를 꾸미고 희망적으로 관측했으며 사제들을 기만했다.'"[19]

"토마스의 의심은 논증을 통해 해소된 게 아니라 예수님 안에서 인격적으로 하느님 현존에 대한 강한 체험을 통해 해소되었다.

…… 하느님의 거룩한 현존이 예수님 안에서 드러나고 그 제자에게 큰 영향을 미치면서 온갖 의심이 심연으로 가라앉았다."[20]

부활하신 분에 대한 이 체험은 토마스를 부활의 참된 증인이 되게 합니다. 그래서 베르거는 예수님이 토마스에게 하신 말씀을 이렇게 풀이합니다. "네가 이제 믿는 것은 나를 보았기 때문이다. 나를 보지 않고 앞으로 믿게 될 사람은 행복하다."[21]

앞으로 믿게 될 사람들은 바로 우리를 가리킵니다. 우리는 지금 토마스 사도의 증언을 토대로 믿고 있습니다. 우리가 그의 체험을 믿는다면 행복할 것입니다. 그리고 우리는 진실하고 활기차고 주도적인 삶을 살게 될 것입니다.

❈

토마스는 '쌍둥이'라고 불립니다. 이 말은 그가 당신과 쌍둥이라는 뜻이기도 합니다. 따라서 당신은 토마스 사도에게서 당신 자신을 찾을 수 있습니다.

의심하는 토마스 사도와 체험을 갈망하는 토마스 사도를 당신 안에서 느낄 수 있나요? 사람들이 믿어야 하는 것을 말해 준다면, 당신은 그것에 만족하지 않나요?

토마스 사도가 의심한 부활하신 예수님을 당신은 어떻게 받아들이나요? 십자가에 못 박혀 돌아가신 예수님이 죽은 이들 가운데에서 부활하신 사실에 대해서도 의심하나요? 당신은 그 의심을 어떻게 극복할 수 있을까요?

당신은 부활하신 예수님을 직접 뵐 수 없지만 그분을 체험할 수 있습니다. 그분을 어떻게 체험할 수 있을까요? 당신이 지닌 의심들을 극복하는 데 어떤 체험이 도움이 될까요? 당신이 "그래, 내 믿음은 옳다. 예수님은 실제로 계신다. 성체를 받아 모실 때 나는 그분을 느낀다."라고 확신했던 때를 떠올려 보세요. 그리고 이 확신이 당신 안에 스며들게 하세요. 모든 합리적 의심을 풀 수 있는 이 체험을 신뢰하세요.

회의주의자 나타나엘

요한 복음서에는 토마스처럼 의심하는 인물이 또 나옵니다. 나타나엘입니다. 그는 의심하는 사람이자 회의주의자입니다. 필립보가 나타나엘을 만나 그에게 전합니다. "우리는 모세가 율법에 기록하고 예언자들도 기록한 분을 만났소. 나자렛 출신으로 요셉의 아들 예수라는 분이시오."(요한 1,45) 그러자 나타나엘이 대답합니다. "나자렛에서 무슨 좋은 것이 나올 수 있겠소?"(요한 1,46)

이렇게 그는 필립보의 말을 의심합니다. 출생지만 듣고도 예수님이 메시아이심을 의심합니다. 그는 성경을 환히 아는 사람입니다. 그런데 성경에 나자렛에 관해서는 아무것도 언급되어 있지 않았으니 메시아는 나자렛에서 나올 수 없다고 여긴 것입니다.

필립보가 친구 나타나엘에게 대답합니다. "와서 보시오."(요한 1,46) 이제 나타나엘은 예수님이 어떤 분인지 눈으로 보고 판단해야 합니다. 필립보는 예수님을 뵙고 체험한 뒤 판단하라며 그를 초대한 것입니다.

예수님이 나타나엘을 보고 그가 참으로 이스라엘 사람이고 거짓이 없다고 하시자, 나타나엘은 마음이 편치 않습니다. 그래서 그분께 묻습니다. "저를 어떻게 아십니까?" 그러자 예수님이 대답하십니다. "필립보가 너를 부르기 전에, 네가 무화과나무 아래에 있는 것을 내가 보았다."(요한 1,48)

요한이 이렇게 기술한 것은, 예수님이 단지 그를 보셨다는 뜻이 아닙니다. 그 시대에 사람들은 무화과나무 아래에서 성경을 묵상했습니다. 이곳에서 나타나엘을 보신 예수님은 그를 신심 깊은 이스라엘 사람, 성경 말씀을 공부하고 묵상하며 메시아를 간절히 기다리는 사람으로 여겼던 것입니다. 나타나엘은 이렇게 자기를 환히 꿰뚫어 보시는 예수님께 매료됩니다. 이렇게 예수님이 자신의 본질을 완전히 알고 계신다는 체험을 하면서 신앙 고백을 합니다.

"스승님, 스승님은 하느님의 아드님이십니다. 이스라엘의 임금님이십니다."(요한 1,49)

이 신앙 고백은 토마스 사도가 부활하신 예수님께 한 말과 유사하게 들립니다. 이처럼 의심하는 두 제자는 다른 제자들보다 예수님을 더 잘 받아들입니다. 예수님의 참된 본질이 그들에게 명확해집니다. 이에 비추어 볼 때, 그들의 의심은 더 깊은 깨달음과 체험으로 이끕니다.

나타나엘과 토마스가 예수님을 의심하고 인식하는 것 사이에는 공통점이 있습니다. 나타나엘은 예수님이 메시아인지 의심합니다. 토마스는 부활하신 예수님을 의심합니다. 나타나엘은 예수님이 자기를 꿰뚫어 보신다는 것을 알면서 의심을 극복합니다. 토마스는 예수님이 당신 몸에 난 상처의 흔적을 보게 하시고 손가락을 대 보라고 하시기에 의심을 내려놓습니다. 그리고 나타나엘이 "스승님은 하느님의 아드님이십니다."라고 한 말과 토마스가 한 "저의 주님, 저의 하느님!"이라는 말은 신앙 고백으로 예수님에 대한 확고한 믿음을 드러내는 것입니다. 토마스가 예수님을 이렇게 완전히 개인적 차원의 주님이자 하느님으로 인식한 것은, 그가 의심을 극복하기 위해 간절히 바랐던 체험을 예수님이 허락하셨기 때문입니다.

우리는 다른 사람들이 하느님과 예수님에 관해 하는 말을 의심하기도 합니다. 왜냐하면 그들이 하느님에 관해 우리의 예상을 뛰어넘는 기이한 영적 체험을 보여 주거나 우리가 상상하지 못한 그분에 대해 들려주기 때문입니다. 예를 들면 일부 종교 지도자들은 더 깊은 지식이 있음을 내비치면서 사람을 현혹합니다. 그러나 그들에 대해서는 회의도 듭니다. 회의는 의심과는 약간 다른 것입니다. 회의는 본디 그리스어 '스켑시스skepsis(연구, 시험, 숙고)'에서 유래했습니다. 이에 따라 회의주의자는 사람들이 말하는 것들을 숙고합니다. 이는 분명 긍정적인 것입니다.

그렇지만 고대 그리스 철학에서 회의는 진리를 깨닫지 못하는 것을 의미합니다. 회의에는 절대적 회의와 상대적 회의가 있습니다. 절대적 회의는 모든 것을 의심하는 것을 뜻하고, 상대적 회의는 인간에게 몇 가지를 인식하는 능력이 있음을 시인하는 것을 말합니다. 회의론자들은 모든 상상은 틀릴 수 있다는 관점에서 출발하는데, 그 이유는 우리가 언제든 속을 수 있기 때문입니다. 근대 회의주의는 무엇보다 신앙 진술을 겨냥합니다. 이에 따르면, 신앙은 우리를 진리의 인식으로 이끌 능력이 없다는 것입니다.

모든 철학적 방향에는 늘 진리가 일부 숨어 있습니다. 그러므로 우리는 회의적인 생각으로 종교적 사상에 이의를 제기하는 법을 배워야 합니다. 이는 과도한 말로 사람들을 현혹하는 곳에 대응하기 위해 필요한 것입니다. 특히 자신의 영적 체험이나 기이한 체험을 내세우는 종교 집단에서 사람들을 현혹하여 그들 위에서 군림하려 할 때마다 저는 회의적입니다. 그리고 이러한 회의를 갖고 의심을 품는 것은 건전합니다.

'나타나엘 이야기'를 이 상황에 적용해 보면, 이 이야기는 한 가지 교훈을 줍니다. 우리 자신을 새로운 방식으로 체험할 때에만 누군가를 신뢰하라는 것입니다. 나타나엘은 예수님을 직접 뵙고 나서 자기를 꿰뚫어 보시고 자기를 아시는 분이 예수님임을 알아봅니다. 그는 또한 예수님 말씀에서 자기 자신을 새로운 방식으로 깨닫습니다.

하느님 체험뿐만 아니라 새로운 자기 체험도 선포된 복음 말씀에 대한 우리의 의심을 해소할 수 있습니다. 그러려면 체험이 필요합니다. 우리는 신비롭고 매혹적으로 들리는 말을 그대로 믿어서는 안 됩니다. 참되고 더 깊은 자기 인식과 자기 체험에 대한 기준이 필요합니다. 필립보가 나타나엘에게 말했듯이, 와서 보아야 합니다. 믿음에 관해 이야기하는 사람들이 어떠한지 겪어 보고, 그들의 일상적인 태도에는 문제가 없는지 면밀히 살펴보아야 합니다. 하느님과 믿음에 관한 말이 맞는지, 아니면 단순히 투사에 불과한 것인지 그들의 실제 삶을 보면 알게 될 것입니다. 나타나엘은 과도하게 현혹하는 말을 믿지 말고 면밀히 살펴보면서 진정성을 시험해야 한다고 말합니다.

　　　　　　　　　　❈

　부모와 교리 교사, 본당 사제와 사목 협력자 등 많은 사람이 당신에게 하느님과 예수님에 관해 얘기해 주었습니다. 그들이 하느님에 관해 말할 때, 당신은 그 말을 잘 받아들였나요? 또한 부모님의 믿음을 그대로 받아들이지 않았나요? 그렇게 하도록 당신 마음을 움직인 것은 무엇이었나요? 누군가가 하느님에 관해 설명하는 것을 믿으려면 어떤 조건이 있어야 할까요?

　당신에게 하느님에 관해 얘기해 주었던 분들을 떠올려 보고 그분들의 말을 깊이 생각해 보세요. 그리고 그 말을 신뢰했는지, 아니면 의심했는지 생각해 보세요. 그러고 나서 '나타나엘 이야기'를 당신 자신에게 적용해 보세요. 부모와 교사, 사목자들이 하느님에 관해 했던 말들이 당신을 새로운 빛으로 이끌고 당신에게 도움을 주었나요? 이러한 하느님에 대한 증언과 믿음으로 당신은 자신을 특별한 존재로 여기지는 않았나요? 그래서 다른 이들보다 우위에 있다고 생각하지는 않았나요?

천사의 말을 믿지 않았던 즈카르야

가브리엘 천사가 성전 안에 있는 사제 즈카르야에게 나타나 이렇게 예언합니다. "네 아내 엘리사벳이 너에게 아들을 낳아 줄 것이다."(루카 1,13 참조)

즈카르야는 천사의 말을 의심합니다. "제가 그것을 어떻게 알 수 있겠습니까? 저는 늙은이고 제 아내도 나이가 많습니다."(루카 1,18)

그는 그 일이 실제로 가능하다는 어떤 표징을 보고자 합니다. 전혀 상상할 수 없는 일이기 때문입니다. 그는 자신을 압니다. 그는 나이가 많고 자기 자신을 더 이상 신뢰하지 않습니다. 그리고 자기 아내가 늙었다는 사실도 잘 알기에 아이를 낳을 수 있다는 것도 더는 믿지 않습니다.

결국 그는 천사의 말을 의심한 벌로 말을 못하게 됩니다. 그렇게 아홉 달 동안 벙어리로 지냅니다. 사람들은 이렇게 말할지도 모릅니다. "그가 아홉 달 동안 말을 하지 못한 것은, 늙은 아내에 대한 선입견과 천사의 말을 의심했던 자기 자신에 대한 생각을 버리기 위해서야."

즈카르야가 의심하는 원인은 그가 자기 자신과 아내를 안다고 여기는 데에 있습니다. 그는 자기 자신과 아내에 대해 고정된 생각을 갖고 있었습니다. '우리는 늙었어. 그러니 새로운 것은 더 이상 진행될 수 없지. 우리는 지금까지 아무 일 없이 살고 있어. 우리에게 뭔가 새로운 것이 이루어지거나 우리 사이에 뭔가 새로운 것이 생겨나리라는 희망은 없지.'라고 말이지요.

　이렇게 즈카르야는 자신과 아내를 의심합니다. 그가 말을 하지 못하게 된 것은, 자기 자신이 의심한 것에 관해 깊이 생각하는 데 좋은 훈련이 됩니다. 또한 자신과 아내에게 지닌 선입견을 내려놓는 데에도 좋은 훈련이 됩니다. 우리는 자신과 다른 사람들에게 더 이상 새로운 가능성이 없다고 믿는, 고정된 생각을 많이 합니다. 이렇게 고정되어 삶을 바라보면, 우리에게 뭔가 비범한 일이 일어날 것임을 믿게 하는 약속들에 대한 의심으로 이어집니다. 그리고 평범한 것에도 의심을 갖게 됩니다.

　루카 복음사가는 가브리엘 천사가 즈카르야에 이어 마리아를 어떻게 만나는지 설명합니다. 천사가 마리아에게 즈카르야에게 한 것처럼, 구세주를 잉태할 것이라는 아주 특별한 약속을 합니다. 마리아는 천사의 약속을 의심하지 않습니다. 어떻게 그런 일이 있을 수 있겠느냐며 질문할 뿐입니다. 마리아에게는 남편이 없었으니까요. 그리고 남편 없이는 아이를 낳을 수 없습니다.

　그렇지만 마리아는 천사의 말에 순종합니다. 마리아는 천사를 신뢰하고 천사가 자기에게 한 약속대로 될 거라고 믿습니다. 그러나 어떻게 해야 그런 일을 이해할 수 있는지 알고자 합니다. 루카 복음사가는 마리아가 천사에게 응답하고 질문하는 모습에서 우리가 의심에 어떻게 대처할 수 있는지 좋은 방법을 알려 줍니다. 우리는 평범하지 않은 것을 의심합니다. 마리아도 천사의 말에 몹시 놀랐습니다. 그러나 마리아는 거부하지 않습니다. 다만 천사의 말을 이해하기 위해 물었던 것입니다.

천사가 마리아에게 예수님의 탄생을 예고하는 장면처럼 우리에게 모습을 드러내지는 않습니다. 그러나 우리 안에서 나타나는 '자극제'일 수도 있습니다. 가끔 우리는 '나는 그것을 해야 해. 이것이 나의 길이야.'와 같은 내적 확신이 듭니다. 하지만 종종 의심이 들기도 합니다. 우리는 즈카르야처럼 속단합니다. 그것은 공상에 불과하며, 우리 안에서 떠오른 희망적 관측에 지나지 않는다고 말입니다.

그러나 루카 복음사가는 그러한 내적 자극이나 내적 체험에 어떻게 응답해야 하는지 알려 줍니다. 바로 그 자극을 주시하고 그 자극과 대화를 나누어야 하는 것이지요. 그렇다면 이러한 내적 확신을 어떻게 실현할 수 있을까요? 우리는 의심을 없애지는 못하지만 마음을 활짝 열고서 이 새로운 확신이 어떻게 일어날 수 있는지, 우리가 그것을 어떻게 이해할 수 있는지 묵상해 볼 수 있습니다.

당신의 삶을 변화시킨 내적 자극을 받은 적이 있나요? 그 자극은 무엇이었고, 그때 어떻게 반응했나요? 혹시 즈카르야처럼 믿지 못하고 환상에 불과하다고 여기지는 않았나요? 아니면 그 자극을 신뢰했나요? 그것을 토대로 이루어진 게 있었나요? 당신 내면으로 들어가 느껴 보세요. 당신의 생각과 염원, 갈망이 떠오르나요? 그것들이 앞으로 실현될 수 있다고 믿나요?

인간 안에 있는 두 개의 극

"하느님은 모든 반대되는 것의 일치시다."

- 쿠자누스

정신 분석가이자 심리학자인 융은 인간 내면에는 양극이 존재한다고 보았습니다. 이 양극은 사랑과 공격성, 이성과 감정, 강함과 약함, 신뢰와 두려움을 가리킵니다. 여기에는 믿음과 불신 또는 믿음과 의심도 포함됩니다. 융의 견해에 따르면, 우리가 한쪽 극을 밀어 내면 다른 극이 올라옵니다. 특히 부정적이며 어두운 면은 인간에게 악영향을 미칩니다. 가령 사랑이 받아들여지지 않으면 공격성으로 표출되기도 합니다. 그리고 이 공격성은 다른 이를 힘들게 하거나 몸이 아픈 형태로 나타날 것입니다. 그렇지 않으면 사랑을 핑계로 권력을 행사하기도 합니다.

예컨대 어느 본당 사제가 갈등을 겪고 있는 사목회원들에게 "우리 그리스도인은 논쟁하지 않습니다. 우리는 서로 사랑합니다."라고 말한다면, 이것은 그가 권력을 행사하는 것과 같습니다. 그의 생각에 동조하지 않는 사람들에게 자신의 뜻을 일방적으로 전달하기 때문입니다. 그 말을 들은 사람들은 양심의 가책을 받습니다. 양심의 가책을 느끼게 하는 것은 가장 미묘한 형태로 권력을 행사하는 것이며, 누구도 이것을 피하기 힘듭니다.

믿음과 불신, 믿음과 의심도 이와 유사합니다. 내가 어떤 일에 불신이나 의심이 없다고 확신하면, 이는 다른 이에게도 투사될 것입니다. 내 뜻과 다른 이를 비난하거나 그들과 싸우게 될지도 모릅니다. 이슬람 극단주의는 자신들의 신념이나 신앙과 반대되는 자들을 없애야 한다고 여깁니다. 그들이 살인을 저지르는 행위는 결국 자신들의 불신을 드러내는 것입니다. 그들의 믿음이 약하기 때문에 이와 다르게 생각하는 이들이 그들을 불안하게 만듭니다. 그래서 그들은 이러한 불안함을 폭력으로 물리치는 것입니다.

그러나 의심을 밀어내는 것은 그리스도교적 근본주의에서도 드러납니다. 그것을 표방하는 사람들은 자신들이 유일하고 참된 신앙인이 되어야 한다고 생각합니다. 그들은 다른 사람들 위에 군림하고 그들과 싸웁니다. 종종 폭력을 행사하고 낙태 수술을 하는 의사들을 살해하기도 합니다. 근본주의자들은 다른 사람들과 즐겁게 대화할 수 없습니다. 그들은 항상 그들에게 유일하고 합당한 진리를 위해 적극적으로 행동합니다. 또한 '자신들의 믿음'을 위해 경직되어 있고 공격적입니다. 이러한 면을 보면 그들이 자신의 불신과 의심을 억누르며, 그들이 확신하는 믿음에는 독선이 숨어 있다는 것을 알 수 있습니다. 그들은 자신들이 항상 옳다고 여깁니다. 그리고 자신들에 대해 묻지 못하게 합니다. 사람들을 설득하려고만 하기 때문에 대화를 제대로 나누지 못합니다.

근본주의자들은 결국 불행한 사람들입니다. 그들은 자기 자신과 일치하지 못합니다. 그들의 본질은 상당 부분 분열되었습니다. 그들에게는 생기가 부족합니다. 이것은 공동체에도 적용됩니다. 신앙을 자신의 삶으로 증명하는 사명을 지닌 어느 수도 공동체가 있습니다. 하지만 그들은 자신들의 사명에만 몰입되어 있기에 심각한 문제가 있다는 점을 깨닫지 못합니다. 즉 믿음을 증언하기 위해 자신들과 달리 생각하는 사람들을 얼마나 불손하게 대하고 저지하는지, 다른 이들의 생각은 안중에 두지 않는다는 점을 모릅니다. 희생 정신을 미덕으로 여기는 공동체에서 이러한 공격성이 드러납니다.

이처럼 공동체가 근본주의로 나아간다면 그 공동체는 언젠가 분열될 것입니다. 이런 공동체는 서로 다른 생각을 하는 반대자들에 맞서 싸워야만 결속되기 때문입니다. 그렇지만 반대자들이 사라지면 공동체도 붕괴됩니다. 근본주의자들은 불행한 사람들일 뿐만 아니라 관계를 지속할 수 없는 사람들입니다. 동일한 생각만이 그들을 결속시킵니다. 그러나 그들은 실제로 다른 사람과 만나지 못하고, 그들과 좋은 관계를 맺을 수도 없습니다.

융은 심리적, 영적 건강을 유지할 수 있는 유일한 방법이 내면의 양극을 연결하는 것이라고 했습니다. 우리는 스스로 깊이 밀어낸 어두움을 꺼내어 지금까지 존재한 나의 의식과 연결해야 합니다. 나의 어두운 면이 의식적인 극과 통합되지 않으면, 나 자신에게 악영향을 미치기 때문입니다.

가령 제가 갑자기 믿음을 버리고 불신 속에 산다면, 저 자신에게 해로울 것입니다. 이것은 예전에 믿음을 버린 사람들에게서도 이따금 나타납니다. 그들은 돌연 믿음에 관해서 더는 알고자 하지 않습니다. 더 나아가 자기는 믿지 않는 자라고 말하며 믿는 이들을 공격합니다. 다른 이들의 믿음으로 인해 불안해지고 싶지 않기 때문입니다. 다른 사람들의 믿음이 자신들이 몰아낸 믿음을 떠올리게 하기 때문이지요.

융에게 십자가는 내면의 양극을 연결하는 하나의 상징입니다. 십자가는 초대 교회에서 화해의 상징이자 모든 반대되는 것의 일치를 상징했습니다. 에페소 신자들에게 보낸 서간을 보면 초대 교회 신자들은 십자가가 화해에 영향을 미친다는 것을 이미 알고 있습니다. "그리스도는 우리의 평화이십니다. 그분께서는 당신의 몸으로 유다인과 이민족을 하나로 만드시고 이 둘을 가르는 장벽인 적개심을 허무셨습니다."(에페 2,14)

믿음과 불신, 이 양극과 더불어 유다인과 이민족이 하나가 될 수도 있을 것입니다. 예수님은 십자가에서 이 양극을 연결하셨습니다. 요한 복음서에서 예수님은 이렇게 말씀하십니다. "나는 땅에서 들어 올려지면 모든 사람을 나에게 이끌어 들일 것이다."(요한 12,32)

십자가는 포용, 감싸 안음을 가리키는 표상입니다. 저는 제가 이끄는 영성 프로그램에 참석한 이들에게 양팔을 가슴 위로 교차시키면서 십자가를 표현해 보라고 권합니다. 그런 다음 자신이 감싸 안아야 하는 다양한 양극을 말하게 합니다. "십자가상의 예수님이 나를 감싸 안아 주신다. 그러므로 나는 내 안에 있는 강함과 약함, 건강함과 병듦, 사랑과 공격성, 신뢰와 두려움, 믿음과 불신, 믿음과 의심을 감싸 안는다."

우리가 의심이나 불신을 포용하면, 이 의심은 자신의 믿음에 긍정적인 영향을 미칩니다. 다시 한번 믿음을 새롭게 하기 때문입니다. 그리고 이렇게 자문합니다. '하느님이 계시다는 것은 무슨 뜻인가? 하느님은 누구이신가? 예수님이 하느님의 아드님이심을 어떻게 이해할 수 있는가? 부활은 무엇을 의미하는가? 우리는 죽음 안에서 무엇을 기다리는가? 우리가 죽어서 다시 만난다는 것을 어떻게 상상할 수 있을까?' 저는 교의를 받아들이며 신앙을 고백합니다. 그러나 이 신앙의 가르침에 대해 다시 의문이 들기도 합니다. '나는 그것을 어떻게 이해할 수 있는가? 내가 건강하고 나은 삶을 위해, 더 진실하게 사는 데 이 교의가 얼마나 도움이 될까?'

믿음은 우리를 새로운 삶으로 이끌어 줍니다. 의심은 근본적으로 믿음에 속합니다. 온갖 독선과 불의 앞에서 믿음을 지켜 주기 때문입니다. 의심은 또한 믿음을 활기차게 유지시켜 줍니다. 믿음이 치유와 해방을 주는지 늘 묻도록 하기 때문입니다. 믿음이 약해지면 의심이 생깁니다. 그러나 의심을 근거로 믿음을 거부해서는 안 됩니다. 믿음을 병들게 하는 것만 거부해야 합니다.

제 수호성인인 캔터베리의 안셀모 성인은 "이해(통찰, 지성)를 추구하는 믿음fides quaerens intellectum"을 자신의 모토로 삼았습니다. 의심은 모든 교의에 의문을 제기합니다. 그러나 그것들을 거부하기 위해서가 아니라, 더 깊이 이해하기 위해서입니다. 의심은 이해

(통찰)를 추구합니다. '이해, 통찰, 지성'을 뜻하는 라틴어 '인텔렉투스intellectus'는 '인투스 레게레intus legere'(안에서 읽다, 내적으로 읽다)에서 나왔습니다. 이렇게 말할 수도 있겠지요. "나는 믿음이 말하는 것을 마음으로 읽고 마음으로 이해하고 싶다."

저는 믿음의 신비 속으로 들어가 깊이 바라보고 싶고, 제가 믿는 것을 이해하고 싶습니다. 이러한 이해, 통찰은 '생각하는 사람'의 본질에 속합니다. 이것은 우리의 존엄성을 드러냅니다. 우리는 의심을 통해 모든 교의를 이해하고 우리의 이성으로도 믿을 수 있습니다.

저에게 의심은 중요한 원동력이기도 합니다. 이 원동력이 대축일과 축일에 대해 새롭게 생각하도록 만듭니다. '나는 성탄 대축일을 어떻게 이해할 수 있을까? 나의 지식, 모든 자연과학적 인식, 혼란에 빠진 세상을 보며 성탄의 신비를 어떻게 이해할 수 있을까? 또한 이것을 어떻게 이성적으로 설명할 수 있을까?' 저는 성탄의 신비를 증명할 수 없지만 제 이성으로 설명할 수 있어야 합니다. 그동안 제가 성탄 대축일에 강론했던 내용을 꺼내 볼 수도 있습니다. 그렇지만 의심은 언제나 새롭게 믿음을 표현하게 합니다. 이것이 때로는 힘듭니다. 예전에 했던 강론을 되풀이하는 게 더 쉽고 편하겠지만 제가 추구하는 정신과 부합하지 않습니다. '추구하는 정신'은 언제나 의심을 거칩니다. 그런 다음에 새로운 대답, 새로운 말을 찾습니다. 예전의 믿음을 오늘 적절하게 표현하기 위해서 말이지요.

※

똑바로 서서 양팔을 가슴 위로 교차시켜 보세요. 그러고는 이렇게 상상해 보세요. '예수님이 내 안에 있는 모든 반대되는 것과 함께 나를 감싸 안아 주신다. 그러므로 나는 내 안의 강함과 약함을 감싸 안는다. 또한 나의 건강과 아픔, 잘 살았던 것과 잘 살지 못한 것, 성공과 실패를 감싸 안는다. 내 안에 있는 신뢰와 두려움, 믿음과 의심, 믿음과 불신, 사랑과 공격성, 밝은 면과 어두운 면, 의식한 것과 의식하지 못한 것을 감싸 안는다.'

그런 다음 십자가를 생각하면서 이 모든 것 저편에 있는 침묵의 공간에 머문다고 상상해 보세요. 이 공간에서 당신은 사람들의 기대에서 벗어나 자유롭습니다. 거기서 당신은 치유되고 온전해지며, 당신 자신과 하나 됩니다. 반대되는 것들은 당신을 더 이상 분열시키지 못하고 하나로 통합됩니다. 쿠자누스가 "하느님은 모든 반대되는 것의 일치시다."라고 표현했듯이. 당신 안에 계신 하느님을 알게 될 때 반대되는 것들이 하나 되고, 당신은 내적 일치를 느끼게 될 것입니다.

의심은 믿음을 강화한다

"지혜로운 사람은 삶을 더 심오한 의미의 연관성으로 바라볼 뿐만 아니라,
이 의미가 자신에게 요구하는 것들도 인식한다."

– 페터 부스트

우리에게 잘 알려진 소설 《장미의 이름》을 쓴 이탈리아 작가 움베르토 에코는 언젠가 이렇게 말했습니다. "마귀는 정신의 오만, 미소 없는 믿음, 결코 의심해서는 파악할 수 없는 실재다." 의심을 알지 못하는 믿음은 결국 마귀에게서 온다는 뜻으로 이렇게 말한 것입니다. 그것은 예수님의 메시지에 부합하는 믿음이 아닙니다. 에코는 '미소 없는 믿음'을 고지식하고 단조롭고 독선적인 믿음이라고 보았습니다. 이런 믿음은 자신이 모든 것을 알고 있으며 자기가 항상 옳다고 여깁니다. 이것은 편협한 믿음입니다.

독일 작가 에리히 프리트도 이와 유사하게 말합니다. "두렵다고 말하는 사람을 의심하지 마라. 그러나 의심하지 않는다고 말하는 사람을 두려워하라." 의심하지 않는다고 말하는 사람은 거짓입니다. 또는 프리트가 말하듯, 경계해야 하는 사람입니다. 그런 사람들은 대개 권위주의적이기 때문입니다. 그들과는 담소를 나누기 어렵습니다. 그들은 자신이 더 잘 안다고 여기며 자신의 생각을 다른 이들에게 주입합니다. 반면에 자기는 두렵다고 시인하는 사람과는 좋은 대화를 나눌 수 있습니다. 그 사람과는 믿음에 관해서도 말할 수 있습니다. 우리가 '추구하는' 믿음은 의심이 무엇인지도 아는 믿음이기 때문입니다. 또한 그 사람과 세상에 관해서도 말할 수 있습니다. 그는 고정된 세계상을 전하기보다는, 세상을 이해하고자 애씁니다. 그리고 이렇게 존재하는 것을 이해하려는 노력은 우리가 만나는 사물들에 대한 의심에서 싹틉니다.

저는 의심이 어떻게 믿음의 근본에 속하는지, 그리고 의심이 어떻게 믿음을 강화할 수 있는지 '세 가지 보기'로 정리해 보았습니다.

첫째는, 개인적 체험입니다. 기도하다 보면 이따금씩 제 안에서 의심이 일어납니다. '이 모든 것은 허상 아닌가? 더 잘되려고, 실패에 더 잘 대처하려고 기도하는 것은 아닌가? 더 행복하게 살려면 기도 이외에 뭔가를 더 보여야 하는 것은 아닌가?' 저는 이러한 의심들을 허용하면서 끝까지 생각해 본 다음 저에게 이렇게 말합니다. '그래, 모든 게 허상이야.' 저는 기도하면서 갖게 된 그 의심의 끝에는 모든 것이 허상에 지나지 않는다는 것과, 자연과학적 인식도 허상에 불과하다는 것을 고백합니다.

자연과학적 인식은 실제 세계를 설명하기 위한 하나의 모델입니다. 이러한 설명이 실제로 모두 맞다고 누가 제게 말해 줄 수 있나요? 심리학적 인식도 인간의 태도를 설명하려는 하나의 시도에 불과한 것 아닐까요? 하지만 모든 인간의 지식이 허상에 지나지 않는다면, 온 세상은 저에게 불합리하게 비칠 것입니다. 그렇게 되면 결국 우리는 아무것도 인식할 수 없습니다.

우리는 어쩌면 환상 속에서 사는지도 모릅니다. 그렇다면 우리가 어떤 환상 속에서 살고 싶은지 결정해야 합니다. 그러나 저는 이러한 의심에 대해 어떻게 판단하고 결정할 것인지 끝까지 생각하면서 이렇게 깨닫습니다. '나는 성경을 신뢰한다. 나는 아우구스티노 성인 같은 사람을 신뢰한다. 나는 예수의 데레사 성녀 같은 분을 신뢰한다. 나는 옛 수도승들과 그들의 체험을 신뢰한다. 나는 내 부모의 믿음을 신뢰하고, 나와 함께했던 사람들의 믿음을 신뢰한다.'

저는 믿음 편에 섭니다. 이렇게 의심 뒤에는 믿음을 위한 결정을 내립니다. 의심이 신뢰로 나아가는 것이 믿음입니다. 믿음을 위해 내리는 결정은 합리적 결정이 아닌 마음이 내리는 결정입니다. 그러나 저는 내면 깊은 곳에서 느낍니다. '이 결정이 맞다.' 이 결정은 이성을 거스르지 않고 이성을 넘어섭니다. 이 결정은 자기 자신보다 더 큰 그 무엇에 마음을 연 사람에게 부합합니다.

저는 죽음에 대해, 그리스도인으로서 우리가 죽어서 바라는 삶에 관해 강연합니다. 이때 저는 성경이 말하는, 하느님의 영광 안에서 누리는 영원한 생명에 관한 표상들을 말합니다. 또한 신학이 이에 관해 언급하는 내용들도 말합니다. 저도 이것을 믿습니다. 그러나 저는 늘 의심에서 벗어나고자 애씁니다.

'삶에 대한 좌절에서 벗어나고자 영원한 생명에 관해 말하는 것은 아닌가? 우리가 죽어서 다시 만난다는 것은 위로일 뿐 아닌가?' 이러한 의심이 들 때에는 융이 한 말이 도움이 됩니다. 그는 심리학자로서 자기는 죽음 이후에 삶이 있다는 것을 증명할 수 없다고 말했습니다. 그러나 그는 영혼의 지혜를 알고, 영혼은 죽음이 끝이 아니라 완성이라는 것을 알았습니다. 심리학자인 그에게 명확한 점이 있습니다. 그가 많은 논거를 대면서 영혼의 지혜에 맞선다면, 불안해서 어찌할 바를 모를 것이며, 신경질적이 될 거라는 것입니다.

물론 저는 또다시 의심할 수도 있습니다. '영원한 생명에 대한 믿음은 하나의 치료제이자 나를 이 세상에서 더 나은 삶을 살게 하는 그 무엇에 불과한 건가? 영혼은 더 나은 삶을 위해 환상을 만들어 내는 건가?' 여기서도 근본적인 결정을 내려야 합니다. '나는 내 영혼의 존재를 믿고, 모든 문화권에 있는 사람들과 다른 종교를 지닌 이들의 영혼의 존재도 믿는가? 아니면 영혼은 더 나은 삶을 살도록 환상을 만들어 낸다고 생각하는가?' 이것을 파스칼이 어느 회의주의자와 대화하면서 제시한 '내기'와 결부해 보겠습니다.

발터 디르크스Walter Dirks는 파스칼이 《팡세》에서 제시한 '내기'에 관한 논증을 이렇게 요약합니다. "당신은 하느님이 존재하시는지 알지 못한다. 당신은 하느님이 존재하시는 것과 존재하시지 않는 것을 놓고 선택한다. 그러나 선택하는 데 자신을 압박해서는 안 된다. 언젠가는, 예컨대 당신이 죽음을 눈앞에 둘 때라도 당신이 옳게 선택했는지 아니면 잘못 선택했는지 밝혀질 것이기 때문이다. 당신이 하느님이 존재하지 않는다는 쪽에 내기를 걸었다면, 그분이 존재하지 않더라도 당신은 아무것도 잃지 않았고 얻은 것도 없다. 그러나 하느님이 존재하신다면, 당신은 모든 것을 잃을 것이다. 반면에 하느님이 존재하신다는 쪽에 내기를 걸었다면, 그분이 존재하지 않는다 해도, 당신은 아무것도 잃은 것이 없다. 그러나 그분이 존재하신다면, 당신은 모든 것을 얻을 것이다. 영원한 복락을 얻은 것이다. 이런 상황에서는 하느님이 존재하신다는 쪽에 내기를 거는 게 현명하다."[22]

디르크스는 이 내기에서 부족한 점도 봅니다. 파스칼이 하느님 존재를 영원한 복락과 결부시키기 때문입니다. 회의주의자도 그것에 이의를 제기할 수 있습니다. 의심하는 이가 죽음을 맞을 때 하느님의 자비를 기대한다고 주장할 수도 있겠지요. 그렇지만 디르크스는 파스칼의 견해에 동의하면서 '내기'의 끝을 인용합니다. 파스칼은 그것을 영원한 복락에 적용하는 것으로 그치지 않고, '지금, 여기에' 적용합니다. 하느님이 존재하신다고 결정을 내린 사람은 지상에서 이미 "성실하게, 정직하게, 겸손하게, 감사하며, 선행을 행하며, 친절을 베풀며, 올바르게, 진리를 사랑하며"[23] 삽니다. 하느님 편에 서는 사람은 여기 지상에서 인간의 가치를 추구하며 삽니다.

디르크스는 자서전에서 이런 주장을 받아들입니다. "나는 혼란을 일으켰으나 다행히 믿음에 대한 확신과 함께 사소하게 의심을 했던 시기에 거듭 이러한 체험을 했다. 믿음의 단계는 참여, 생산성, 소통의 단계였다. 불신의 단계는 부식하는 특성을 지녔다. 그 단계에 있었을 때 나는 생산적이지 않았고, 세상은 마치 잿더미 같았다."[24]

이에 따라 디르크스에게는 인간적으로 살기 위해 하느님이 필요했습니다. 이러한 주장에 대해서 사람들은 비판적으로 질문할 수 있을 것입니다. 그러나 디르크스는 하느님 편에 섭니다. 하느님이 존재하신다고 믿고 하느님 편에 서는 것이 자신을 이롭게 한다는 것을 깨닫습니다. 그는 하느님을 증명하는 것을 포기하고, 자서전을 쓰고 믿음의 다른 증인들을 찾습니다. 디르크스는 자기처럼 믿는 사람이자 의심하는 사람으로서 이와 유사하게 체험하는 많은 그리스도인과 연대를 느낍니다. 그리고 이렇게 말합니다. "이렇듯 하느님에 대한 문제를 실존적으로 여기는 그리스도인들은 그 이전에 살았던 이들 가운데 17세기 프랑스 철학자 파스칼보다 자기들에게 더 가까운 형제는 거의 발견하지 못할 것이다. 그에게 그리스도인이 된다는 것은 쉽지 않았다."[25]

둘째로, 페터 부스트Peter Wust의 체험을 들겠습니다. 가톨릭 철학자인 그는 자신의 책《불확실함과 위험Ungewissheit und Wagnis》에서 기술하기를, 하느님에 대한 의심은 우리의 믿음에 속한다고 했습니다. 그는 죽음을 앞두고 한 친구에게 보낸 편지에서 자신의 이 책이 특히 마음에 든다고 썼습니다. "이 책에서 나는 삶의 끝없는 심연을 잠시 바라보았네. 그러고 나서 죽음을 준비하려고."[26]

부스트는 인간의 '불확실함insecuritas'에 관해 기술합니다. 이 라틴어는 '불안정함, 불안전함'으로도 번역되는데, 부스트는 '불확실함'이 더 적절하다고 보았습니다. 불확실함은 동물과는 달리, 인간 실존에 속합니다. 그리고 특별한 방식으로 믿는 이에게도 속합니다. 하느님은 언제나 당신을 드러내시면서도 감추시는 분이기 때문입니다. 하느님은 인간 영혼을 위해 계시는가 하면 계시지 않기도 하십니다. "이로써 인간 영혼에서 확실함(확신)과 불확실함 사이에 어떤 유동적 상태가 생겨난다. …… 영혼은 종교적 확신, 즉 하느님에 대한 확신으로만 채워져 있지는 않다. 따라서 영혼은 자기 결정을 위한 공간이 더는 존재하지 않을 것이다. 확실함과 불확실함은 연결되어 있기에, 믿음과 불신은 항상 각자 자신의 모습을 드러내고 전개할 가능성이 있다."[27]

'불확실함'은 언제나 불신의 가능성이 있다는 것을 의미합니다. 부스트에게 불신은 하나의 긍정적인 기능입니다. "불신은 편안하게 믿도록 가만히 놔두지 않는다. 불신은 새롭게 정신적으로 승화하고 활기차게 쇄신하도록 끊임없이 몰아대는, 멈추지 않는 자극제다."[28] 그러나 불신이 믿음을 강화할 수 있듯이, 믿음은 불신을 통해 확신을 갖습니다. 의심에 대한 확신은 없습니다. "믿음이 없는 사람은 어떤 불확실함으로 인해, 아직 숨어 있는 의심으로 인해 불쾌해진다."[29]

그렇지만 바로 이 의심에 대한 의심은 믿음이 없는 사람이 믿음에 맞서 격렬하게 싸우도록 이끕니다. "그들의 불신이 그를 강하게 만들수록 싸움은 더욱 치열해질 것이다."[30]라고 부스트는 말합니다. 그리하여 광신적 수준의 불신에서 하나의 종교적 현상을 봅니다. 그러나 그는 또 이렇게 경고합니다. "그러나 반대로 지금은 믿음도 확신을 주지 못한다. 믿음은 바리사이들처럼 불신 위에 군림하려 할지도 모른다."[31]

셋째는, 의심이 어떻게 믿음을 정화하고 동시에 강화하는지 보여 줍니다. 스페인의 신비가인 십자가의 요한 성인이 쓴 저서에서 알 수 있습니다. 그는 '어둔 밤'에 관해 말합니다. "신앙의 어둔 밤은 인식의 영역에서 불확실함과 의심으로 체험하게 될 것이다. 지금까지 지녔던 하느님 상과 믿음에 대한 생각들은 너무 피상적이고 너무 편협한 것으로 판명된다. 하느님에 대한 바람과 기대는 너무나 인간적인 '계획'으로 드러나고, 믿음의 언어와 기도가 담긴 '상자'는 의심스럽다."[32]

하느님에 관한 지식을 의심하는 것은 신비가들에게 언제나 무지의 더 높은 지혜를 준비시킵니다. 의심은 '생각하고 상상한 것을 더 깊이 파악하기 위한 길'입니다. 십자가의 요한 성인에게 어둔 밤은 "영적 삶에서 필요한 과정, 하느님과 그분의 신비를 고정시키고 주입시키려는 온갖 상상과 사고로부터 인식과 기억을 '정화'하는 과정"[33]입니다. 십자가의 요한 성인은 이렇게 확신했습니다. 하느님께서 우리를 의심으로 이끄시는 이유가 하느님의 영광과 그분의 끝없는 사랑에 우리의 마음을 열게 하기 위해서라는 것입니다.

우리가 의심을 바라보면서 어둔 밤을 생각할 때, 그 의심은 하느님에 관한 모든 상상으로부터 우리의 믿음을 정화한다는 것을 의미합니다. 상상 속에서 우리의 계획이나 갈망은 언제나 혼재됩니다. 우리는 하느님을 원하는 대로 그리지만 의심은 이러한 상상으로부터 우리를 정화합니다. 또한 진정한 하느님, 이해할 수 없는 하느님, 우리 마음대로 할 수 없는 하느님께 우리의 마음을 열게 합니다. 의심은 우리가 하느님을 마음대로 할 수 없다는 것을 가르쳐 줍니다. 하느님은 우리가 이해할 수 없고 상상할 수 없는 분이십니다.

당신이 모든 것을 의심한다고 상상해 보세요. 당신은 기도하려고 애씁니다. 하지만 당신은 모든 게 허상인 건 아닌지, 더 나은 삶을 위해 무언가를 준비해야 하는 것은 아닌지 의심합니다. 당신은 하느님이 존재하신다는 것을 의심합니다. 십계명이 지금 우리에게 맞지 않다고 의심하고 예수님이 선포하신 복음을 의심합니다. 시대적 제약을 받는다고 생각합니다. 그리고 우리 인간은 죽어서 하느님 앞에서 자신의 삶을 해명해야 한다는 것을 의심합니다.

이렇게 모든 것을 의심하면 당신의 상태가 더 나아질까요? 당신은 자유를 느끼나요? 아니면 방향을 잃었다고 여겨지나요? 모든 것이 무의미해 보이지는 않나요?

그러나 모든 의심을 허용하고 그것들을 끝까지 생각해 보세요. 이러한 의심을 한 당신은 지금 어떤 느낌이 드나요? 당신의 의심이 더 옳다고 느끼나요? 아니면 하느님의 존재를 더 강하게 느끼나요? 당신의 내적 느낌을 신뢰하세요. 당신의 내적 느낌이 하느님에 관해 더 알고 믿음의 편에 서기를 기원합니다.

의심은 하느님 은총을 체험하는 길이다

"무언가에 깊이 몰두하려면 의심을 통과해야 합니다.

그러나 우리 자신에게 몰두하는 게 아니라,

우리 안에 계시는 하느님께 몰두해야 합니다."

– 토마스 머튼

미국의 트라피스트회원이자 영성 작가로도 널리 알려진 토마스 머튼은 1968년에 아시아를 여행했습니다. 그는 여행 일정 중 10월 25일 콜카타에서 개최된 여러 종교 지도자들의 모임에서 강연을 했습니다. 그는 자신을 그리스도교 수도승이라고 생각합니다. 그러면서 수도승을 죽음을 넘어서는 사람, 삶과 죽음의 대립을 넘어 생명의 증인이 되는 사람으로 이해합니다. 그러려면 믿음이 필요합니다. 그러나 믿음은 언제나 의심과 결부되어 있다고 머튼은 이 강연에서 말합니다. "믿음은 의심을 뜻합니다. 믿음은 의심을 억누르는 게 아닙니다. 믿음은 의심을 극복하는 것입니다. 사람들은 의심을 통과함으로써 의심을 극복합니다. 결코 의심하지 않는 신앙인은 신앙인이 아닙니다. 그러므로 수도승은 내면 깊은 곳에서 의심과 싸워야 하고 일부 종교가 '큰 의심'이라고 일컫는 것을 경험해야 합니다. 무언가에 깊이 몰두하려면 의심을 통과해야 합니다. 그러나 우리 자신에게 몰두하는 게 아니라, 우리 안에 계시는 하느님께 몰두해야 합니다. 유일한 최종적 실재는 하느님이십니다. 하느님은 살아 계십니다. 그리고 그분은 우리 안에 거주하십니다."[34]

의심을 통과하는 것은 머튼에게 신비에 이르는 길입니다. 의심은 우리가 하느님과 믿음에 관해 말하는 것들에 이의를 제기합니다. 우리가 모든 것에 의심을 갖는 큰 의심을 통과하면, 모든 의심 건너편에 있는 어떤 실재에 이르게 됩니다. 그 실재는 우리 안에 계시는 하느님입니다. 머튼에 따르면, 의심은 겸손으로 이끌고 우리는 겸손한 가운데 하느님 안으로 들어갈 수 있습니다. 우리는 결국 하느님을 인식할 수 없습니다. 아무것도 모른다는 깨달음을 얻습니다. 그러나 우리가 이것을 고백할 때, 모든 지식의 건너편에 있는 깊은 체험을 하게 됩니다. 그러나 이 체험은 스스로 할 수 없습니다. 이 체험은 우리에게 선사되는 것입니다. 그러므로 의심을 통과하려면 우리 삶이 선사되었다는 것을 알아야 합니다. 그것은 결국 은총 체험입니다.

강연 끝에 머튼은 수도승들이 모든 의심을 통과하면서 해야 하는 체험을 다시 한번 언급합니다. 그것은 깊은 통찰의 체험입니다. "우리는 아주 오래된 일치를 찾아내게 될 것입니다. 사랑하는 형제들이여, 우리는 이 일치를 위해 준비되어 있습니다. 그런데 아직 일치를 이루지 못했다고 생각합니다. 우리의 본래적 일치를 다시 찾아내야 합니다. 그러기 위해 우리는 준비되어 있습니다."[35]

머튼이 말하는 신비에 이르는 길은 믿음과 의심의 대립성과 이원성을 헤치고 모든 존재의 근원에 이르는 길입니다. 이 모든 존재의 근원 안에서 모든 것은 하나가 됩니다. 우리는 하느님과 하나가 되고, 창조 세계 전체와 하나가 됩니다. 또한 모든 사람과 하나가 됨을 발견합니다. 믿음이 없는 사람들, 이른바 '이방인들'과 또는 무신론자들과도 하나가 되는 이 체험은 우리의 믿음을 그들에게 증명해야 한다는 압박에서 벗어나게 합니다. 이렇게 되면 우리의 의심에 대해 더 이상 극복할 필요도 논증할 필요도 없습니다. 우리는 의심을 통과했고, 모든 것을 연결하는 일치에 이르렀습니다. 이제 믿음과 의심, 믿음과 불신, 확실함(확신)과 불확실함은 하나가 됩니다.

머튼에 따르면, 두 가지가 우리의 과제일 것입니다. 의심을 통과하는 것과 신비적 체험에, 포괄적인 일치 체험에 이르는 것입니다. 근원적 일치에 대한 매혹, '일자一者'에 대한 갈망은 고대 그리스 철학자들을 사로잡았습니다. 파르메니데스는 모든 것인 일자에 관해 말합니다. 이에 맞서 대립적인 것은 파르메니데스에게는 허상에 불과합니다. 토마스 아퀴나스는 여기서 더 멀리 나아가지 않습니다. 그는 오히려 아리스토텔레스의 일치 사상을 받아들입니다. 그는 이렇게 기술합니다. "일자에 관계하지 않는 다양성은 존재하지 않는다."[36]

그다음에는 쿠자누스가 이 일치 사상을 전개했습니다. 하느님 안에서 모든 것은 하나라고 말합니다. 그는 하느님을 "다양한 음의 일치concordantia discordantium"와 "모든 반대되는 것의 일치coincidentia oppositorum"라고 말합니다. 여기서 그리스의 일치 철학이 라틴 철학과 만납니다. 결국 일치에서 출발하는 동양의 사고방식과 이원성에서 출발하는 서양의 사고방식이 만납니다.

모든 존재의 근원 안에서 하나가 되기 위해 의심을, '이중적인 것'을 통과하는 것. 이는 모든 신비주의의 목표입니다. 모든 존재의 근원 안에서 우리는 모든 사람과, 존재하는 모든 것과 하나가 됩니다다. 그리고 모든 존재의 근원이신 하느님과 하나가 됩니다. 따라서 신비에 이르는 길은 결국 의심을 극복하는 것입니다. 그러나 의심을 부정하지 않고 주시합니다. 그리고 의심을 통과합니다.

신비에 이르는 길은 다양합니다. 초기 수도승을 대표하는 에바그리우스 폰티쿠스는 신비주의를 일치의 신비주의라고 기술했습니다. 그는 신비주의의 '자연적 관조theoria physike'에 관해 말하는데, 이는 자연을 새로운 눈으로 바라보는 것, 존재하는 모든 것 안에서 모든 존재의 근원이신 하느님을 인식하는 것입니다. 머튼이 수련장이었을 때 지도한 존 에우데스 뱀버거는 에바그리우스 폰티쿠스의 이러한 견해를 힌두교에서 말하는 사물의 '본질Tattva'과 비교합니다.

이에 따라 저는 모든 사물에서 하느님을 봅니다. 그리고 자신과 하나 됨을 느끼면서 창조 세계 전체와도 하나 됨을 느낍니다. 창조 세계 안에서 모든 사람과, 모든 동식물과 그리고 하느님과 하나 됨을 느낍니다. 영혼 깊은 곳에서 믿음과 의심 사이, 빛과 어둠 사이에 일어난 분열이 멈춥니다. 그리고 제 안의 다양한 격정 사이에 생긴 분열도 멈춥니다. 이제 저는 깊은 내적 일치를 느낍니다. 자신과 하나 됩니다. 제 삶을 받아들이고, 제 안에 있는 모든 것을 받아들입니다. 이러한 상태를 에바그리우스는 '아파테이아apatheia'라고 일컫는데, 나를 종종 분열시키는 격정들이 서로 조화를 이루는 상태를 의미하는 말입니다. 그는 이 상태를 '평화의 관조'라고도 하는데, 이는 "모든 이해보다 더 숭고하고 우리의 마음을 지켜 주는" 것을 의미합니다. 에바그리우스가 어느 수도승에게 쓴 편지에 나오는 문장입니다. 이렇게 일치를 체험하면서 모든 의심도 멈춥니다. 의심과 믿음이 하나가 되기 때문입니다. 의심을 통과하여 모든 존재가 일치하는 상태로 들어가기 때문입니다.

융은 '하나가 된 세상unus mundus'에 관해 말합니다. 우리는 예컨대 꿈속에서 이러한 세상으로 들어갑니다. 우리는 모든 것이 하나가 된 세상에, 가령 차별은 더 이상 존재하지 않는 세상, 한계를 넘어 내적 자유를 누리는 세상, 우리가 존재하는 모든 것과 하나가 되는 세상에 동참합니다. 그러므로 의심은 자신을 통과해 가라는 하나의 도전입니다. 영혼의 근원과 세상의 근원에, 모든 것이 하나가 되는 근원에 이르도록 말입니다.

양손을 모으고 기도하는 자세를 해 보세요. 이렇게 기도하는 자세를 취하면서 하느님과 하나 됨을 느껴 보세요. 십자고상을 바라보면서

분심을 가라 앉혀 보세요. 눈을 감고 당신의 내면으로 들어가 보세요. 당신은 당신의 몸을 통과하여 당신 영혼에 이르렀습니다. 거기서 당신은 당신 안에 있는 모든 것과 하나가 됩니다. 혼란스러운 감정, 상반된 감정과 욕구들이 하나가 되고, 당신은 그 가운데서 내적 자유를 발견합니다.

더 나아가 당신 영혼의 근원에서 당신이 모든 사람과 하나가 되는 모습을 그려 보세요. 이제 당신은 당신의 깊은 내면에서 모든 사람과 하나가 됩니다. 그다음에는 하느님이 창조하신 자연, 동식물과도 하나 되는 모습을 그려 보세요.

우주에서 당신은 한낱 작은 티끌입니다. 당신이 모든 존재의 근원이신 하느님과 하나가 되었다고 상상해 보세요. 이렇게 하나가 되는 체험을 하면서 당신은 의심을 극복했습니다. 당신은 의심을 통과하여 영혼의 근원에, 깊은 일치에 이릅니다. 의심은 그곳에 들어올 수 없습니다.

믿음을 거부하는 의심

"잘못된 겸손과 잘못된 완전함이 무너지면,

갑자기 모든 게 새로워질 수 있다."

-앙드레 루프

믿음에 속하고 믿음을 자극하는 의심 외에 모든 것에 의혹을 제기하는 의심도 있습니다. 이러한 의심은 믿음을 바라볼 때에만 생기는 것이 아니라 모든 지식과 앎을 바라볼 때에도 생깁니다. 사람들은 모든 것을 의심합니다. 새로운 인식을 수용할 준비가 되어 있지 않기 때문입니다. 사람들은 대부분 정치와 정치가들을 근본적으로 신뢰하지 않습니다. 또한 기업가의 진정성에 의혹을 갖기도

하지요. 사람들이 모든 것에 의혹을 품는 것은 안정된 자신의 위치를 지키기 위해서입니다. 사람들은 모든 연구 성과에도 의혹을 제기합니다. 그것들이 어떤 기업이나 단체에 이익을 주기 위한 결과물로 쓰인다고 생각하기 때문입니다.

물론 이러한 의심이 타당한 경우도 많습니다. 가령 건강과 관련된 연구들이 많이 나와 있습니다. 그래서 사람들은 어떤 것을 믿어야 할지 혼란스러워하기도 합니다. 건강한 음식 섭취에 관해 다양한 식품을 추천받기도 하지만 의심이 생깁니다. 그러나 일부 연구가들은 이의를 제기하지 못하게 사람들의 식습관에 초점을 맞춥니다. 그들은 건강에 관한 조언이나 권고가 식품 산업의 관심사를 따르거나 사회적 분위기에 영향을 받는다고 생각합니다. 사람들은 지금 나와 있는 연구들을 의심하면서 진지하게 살펴보아야 합니다.

믿음에 대해 더 철저하게 의심하기도 합니다. 어떤 사람들은 철학자 포이어바흐가 주장하는 것처럼, 믿음에 관한 모든 말을 자신의 욕구를 투사한 것으로 여기며 거부합니다. 그들의 관점에서 보면, 믿음을 전하는 사람들은 이기적입니다. 그리고 믿음은 현실을 피해 이상적인 세계로 달아나는 것입니다. 윤리 신학은 믿음을 철저히 거부하는 이러한 의심을 죄로 간주합니다. 이렇게 의심하는 자는 믿음을 거부할 뿐만 아니라 자기 자신도 기만합니다. 그 이유는 자신이 제기하는 모든 의혹을 외면하기 때문입니다.

의혹을 던져 놓고 이를 외면하는 이러한 유형의 의심이 요즘 미디어를 통해 증대되고 있습니다. 보통 미디어는 부정적 사건들을 더 보도하기 때문입니다. 이로 인해 널리 알려진 인물들이 피해를 당하는 경우가 많습니다. 이들은 온갖 의혹의 대상이 되어 위선적으로 행동한다고 비난받기도 합니다. 이러한 방식으로 정치나 교회는 물론, 병원과 은행, 경찰서와 관공서 등 우리 주위 곳곳에서 신뢰를 무너뜨리는 경우가 많습니다. 또한 권력을 남용하여 인간의 존엄성마저 짓밟은 사람들도 있습니다. 이러한 유형의 의심은 극단주의자들의 운동으로 이어지기도 합니다. 더 이상 국가를 신뢰할 수 없는 이들은 국가 정권과 맞서 싸우지만, 스스로 법을 무시하고 인간의 품위를 훼손한다는 사실을 간과할 뿐입니다.

모든 것에 의혹을 품는 사람은 새로운 견해를 받아들이지 않습니다. 오히려 자신의 위치를 굳건히 다지고자 합니다. 그들은 사람을 믿지 못하며, 누구의 말도 들을 필요가 없다고 여깁니다. 이러한 의심은 파괴적입니다. 그런 사람들과는 실제로 토론할 수도 없습니다. 그들은 더 이상 자문하지 않는 획일적인 사고를 지니고 있기 때문입니다.

이렇게 믿음을 거부하며 의심하는 사람은 종교가 왜 망상이고 환상인지 온갖 이유를 찾습니다. 교회의 어두운 역사를 열거하고 일부 사제들의 잘못된 태도를 지적합니다. 이렇게 의심하는 이들은 다른 사람들의 잘못과 약점을 들추어내려고 할 뿐만 아니라, 다른 사람들을 위해 애쓰는 사람들의 선행까지도 깎아내립니다. 그들은 자신들이 중심에 서고자 합니다. 좋은 영향력을 미치는 영적인 사람들을 무가치한 존재로 만들면서, 현실에 맞지 않는 이상적인 세계를 건설한다고 비난합니다.

믿음에 대해 철저히 의심하는 사람은, 믿지 않으려고 수많은 이유를 찾습니다. 그렇지만 그는 자기의 이러한 의심에 의혹을 갖고 있기도 합니다. 그가 자신의 의심과 믿음을 거부하는 이유를 정당화하려면 많은 논증이 필요합니다. 그렇지만 사람들은 잘 압니다. 너무 많은 이유가 필요한 사람은 그 어떤 이유도 지니고 있지 않다는 것을 말입니다. 그들이 이렇게 하는 이유는 대개 믿음으로 인해 실망했거나 상처받았기 때문이라는 것이지요. 그래서 결국 자신들이 믿음을 거부하는 것을 정당화하고 자신의 실망에 대한 반응으로 그 근거를 대는 것입니다. 그러나 이렇게 근거를 대 보아도, 자신의 의심에 확신을 갖지 못할 때는 공격성을 드러냅니다. 공격성은 항상 확신하지 못할 때, 불안할 때 내보이는 것입니다. 다른 사람들의 믿음이 어떤 사람에게는 불안함을 느끼게 합니다. 융은 이것을 바오로 사도의 사례를 들어 설명합니다. 바오로가 초기 그리스도인들을 격렬하게 박해한 이유는 그들의 자유로운 생각이 자신의 확고한 믿음을 흔들리게 했고, 편협한 율법적 사고에 의혹을 품게 했기 때문입니다.

❈

 당신은 다른 사람들의 견해를 잘 수용하나요? 거부한다면 그 이유가 무엇인가요? 혹시 그들이 당신이 거부할 만한 말이나 행동을 하지 않았나요? 만약 그렇다면 당신이 그들의 의견을 객관적으로 바라보고 반박해 보면 어떨까요? 당신은 그들의 의견을 받아들일 필요가 없습니다. 당신이 상대방의 의견에 대응할 준비를 하는 것이 더 많은 내적 평화를 주기도 합니다. 하지만 모든 것을 처음부터 거부하면 내적 불안이 당신 안에 남아 있게 됩니다. 그래서 당신은 끊임없이 상대방에게 대응하기 위해, 그가 왜 그릇된 길 위에 있는지 온갖 가능한 논거를 찾으려고 긴장할 수 있습니다.
 당신이 처음부터 거부하는 영적 활동이 있나요? 왜 그것을 거부하나요? 특정한 영적 활동과 거리를 둔 이유가 나의 정서나 체험과 맞지 않거나 또는 내가 그 활동에 과도하게 빠질 수도 있기 때문일까요? 그러나 거리를 두기 전에 적어도 이러한 영적 활동을 이해하고자 애써야 합니다. 그리고 그것을 즉시 평가하기보다는 바라봐야 합니다. 당신이 거부하는 영적 활동이 왜 당신에게 확신을 주지 않을까요? 확신을 주지 않는 다른 영적 활동으로 인해 나의 영적 여정을 되짚어 보는 것도 좋을 것입니다.

3장

절망 속에서 삶의 의미 찾기

아프거나 힘들 때 드는 의심

"우리의 슬픔은 그분의 슬픔이기도 하다.
우리의 고통은 사랑이신 그분의 고통이기도 하다."

— 위르겐 몰트만

사람들은 대부분 심각한 병에 걸리거나 사랑하는 이들이 세상을 떠나는 모습을 보면서 하느님을 원망하거나 그분의 존재를 의심합니다. 또는 미디어 등을 통해 날마다 세상에서 일어나는 혼돈스러운 광경을 보면서도 의심을 품습니다. 세상 곳곳에서 일어나는 전쟁과 테러, 불의, 가난과 고통은 이 세상이 정말로 하느님의 손안에 있는지, 악의 세력 안에 있는지 의문이 들 정도로 절망감을 줍니다.

하이너 가이슬러Heiner Geißler는 《하느님을 의심하는 사람을 그리스도인이라 할 수 있을까?*Kann man noch Christ sein, wenn man an Gott zweifeln muss?*》에서 세상에 존재하는 고통을 무엇보다 하느님을 의심하는 원인으로 기술했습니다. 그리고 고통에 관하여 극작가 게오르그 뷔히너의 유명한 말을 인용합니다. "그것은 무신론의 바위다."[37]

가이슬러는 변신론, 곧 고통의 측면에서 하느님을 옹호하는 주장에 이의를 제기합니다. 고통은 전능하시고 자비하신 하느님을 믿을 수 없게 합니다. 가이슬러는 아프리카 출신의 교부 락탄티우스의 말을 인용합니다. 그는 1700년 전에 인류의 오래된 물음에 관해 깊이 생각했습니다. "하느님은 왜 해악을 저지하지 않으셨을까? 하느님이 그것을 할 수 없으시다면, 그분은 전능하지 않으시다. 하느님이 그렇게 하실 수도 있는데도 이를 원하지 않으신다면, 그분은 선하지도 정의롭지도 않으시고, 무력하시고 악하시다. 하느님이 그렇게 하실 수 있고 또 원하신다면, 그분은 어찌하여 그렇게 하시지 않는 것일까?"[38] 락탄티우스는 이 물음 자체에 대답할 수 없습니다. 그는 이 물음을 우리가 지닌 하느님 상에 관해 숙고하라고 하고 그대로 둡니다.

우리는 전능하시고 자비하신 하느님 상과 결별해야 합니다. 하느님은 우리가 결국 풀 수 없는 신비이십니다. 그리고 고통은 온갖 의심을 통과하여 다음과 같이 우리에게 묻도록 합니다. '하느님은 누구신가? 하느님을 어떻게 이해할 수 있을까? 아니면 하느님은 계시지 않는가? 우리가 상상했던 하느님은 계시지 않는가? 우리의 생각과 전혀 다른 하느님, 그분은 어떤 분이신가?'

모든 종교는 고통에 의미를 알기 위해 고투합니다. 하지만 그 어떤 종교도 이 물음에 완전히 만족할 만한 대답을 내놓을 수 없습니다. 무엇보다 합리적인 대답을 내놓지 못합니다. 몰트만에 따르면, 그리스도교적 대답은 형이상학적 대답이 아닌 신비적 대답에 있습니다. "이(신비적 대답)에 따라 하느님은 고통 중인 우리와 결속되어 계신다. 우리의 실제적 고뇌는 그분의 고뇌이기도 하다. 우리의 슬픔은 그분의 슬픔이기도 하다. 우리의 고통은 사랑이신 그분의 고통이기도 하다."[39]

예수님은 고통의 의미에 대한 물음에 아무런 답도 주시지 않습니다. 그러나 그분은 고통을 통과하시고 그것을 변모시키십니다. 그리하여 우리가 어떻게 해야 고통을 통과해 갈 수 있는지, 그 상황을 피하지 않고 나아갈 수 있는지 길을 제시해 주십니다.

한 남성이 자신의 여자 친구에 대한 얘기를 했습니다. 그녀는 지금 모든 것에 의문을 품고 괴로워하고 있는데 그 이유가 최근 몇 년 사이에 생긴 불행한 일 때문이라고 합니다. 불과 6주 차이로 아버지와 어머니가 차례로 세상을 떠났습니다. 그리고 반 년 뒤에 그녀는 유방암 진단을 받았습니다. 그녀는 부모의 죽음을 신앙으로 이겨 냈습니다. 그러나 암 진단을 받고 나서 그녀의 믿음은 무너지고 말았습니다. 그녀는 하느님이 의로우신지 의심했습니다. 그리고 하느님이 정말로 계신지, 아니면 그 모든 것이 허상에 지나지 않는지 의심했습니다.

우리에게 도움을 약속하신 하느님은 도대체 어디에 계실까요? "청하여라, 너희에게 주실 것이다. 찾아라, 너희가 얻을 것이다. 문을 두드려라, 너희에게 열릴 것이다."(루카 11,9) 예수님의 이 말씀은 무엇을 뜻할까요? 감당하기 힘든 고통을 겪는 많은 사람에게 예수님의 이 말씀은 공허하게 들립니다. 그들은 이 말씀을 믿을 수 없으며 의심합니다. 하느님을 믿으라는 강론을 들으면 오히려 반감만 듭니다. 그들은 하느님을 신뢰했고, 부모님이 다시 건강해지시기를 온 마음을 다해 기도했습니다. 하지만 부모님의 죽음은 그들에게 믿음도 거두어 가고 하느님도 의심하게 만듭니다.

그러한 상황에서 하느님을 의심하는 것은 이해가 갑니다. 그러나 그 의심을 더 면밀히 바라보면, 결국 우리가 붙들고 있는 특정한 하느님 상을 의심하는 것입니다. 예컨대 '하느님은 나를 돌보시는 선하신 아버지시다.'라는 하느님 상을 의심하는 것입니다. 병에 걸리면 이제 하느님이 나를 돌보신다는 생각이 들지 않습니다. 성경의 말씀이 더는 맞지 않는 듯 보입니다. 의심은 내가 지닌 하느님 상을 깨고 새로운 하느님 상을 찾거나 또는 이해할 수 없는 하느님을 바라보게 합니다. 새로운 하느님 상은 예전에 지녔던 하느님 상처럼 더 이상 온화하지 않을 것입니다. 새로운 하느님 상은 이해할 수 없는 것으로 특징지어질 것입니다. 그리고 하느님을 떠올릴 때마다 의심이 들 것입니다. 의심이 드는 이유는 다정한 하느님 상과 고통을 연관 짓지 못하기 때문입니다.

이 의심은 자아상도 깹니다. 우리는 병에 걸렸거나 사랑하는 사람이 세상을 떠나면 하느님을 의심합니다. 그러면서 오직 건강에 의해서만 또는 내가 사랑한 사람과의 관계에 의해서만 자아상을 규정했음을 깨닫습니다. 의심은 나 자신과 관계를 맺도록, 그리고 무엇이 나의 참된 자아를 형성하는지 자문하도록 합니다. 나의 자아는 나의 건강 그 이상입니다. 나의 자아는 친구 또는 배우자와의 관계 그 이상입니다.

어느 부부가 기도 모임에 갔습니다. 부인의 깊은 신심에 다른 참석자들은 경탄했습니다. 그런데 어느 날 그 부인은 남편을 떠났습니다. 다른 남자에게 호감을 느꼈기 때문입니다. 하지만 그녀는 기도 모임을 탈퇴하지 않은 채 모든 대화를 거부했습니다. 기도 모임에 참석한 다른 이들은 그녀의 믿음과 그녀가 바친 기도의 진정성을 의심했습니다. "그 부인은 하느님을 진심으로 믿었던 것일까? 신앙으로 가정에 충실하지 못한 자신을 감추려 했던 건 아닐까?" 그녀에게 버림받은 남편은 기도도 못 할 정도로 큰 충격을 받았다고 합니다. 그는 하느님께 의지하며 기도를 바칠 수 있을까요? 살면서 힘든 문제에 부딪칠 때 기도가 도움이 될 수 있을까요?

한 여성은 하느님을 의심합니다. 열심히 운동하면서 늘 건강하던 남편이 악성 종양 진단을 받았기 때문입니다. 두 사람은 언제나 기도하면서 힘을 얻었습니다. 그러나 지금 아내는 하느님의 선하심을 의심합니다. 남편이 죽는다면 자신이 가정을 지킬 수 있을지 불안합니다. 하느님에 대한 신뢰가 깨졌습니다. 그녀는 모든 것을 의심합니다. 성경에 나오는 위로의 말씀들이 예전에는 큰 힘을 주었지만, 지금은 더 이상 와닿지 않습니다.

이해할 수 없는 고통으로 인해 우리는 하느님을 의심합니다. 하느님은 우리가 이해할 수 없는 분이십니다. 고통은 우리가 지닌 하느님에 대한 구체적인 생각들을 내려놓고 '우리는 하느님을 이해할 수 없다.'라는 것을 받아들이라고 합니다. 그러나 현대 신학자 칼 라너는 하느님을 이해할 수 없는 것은 그분은 사랑이시지만 이해할 수 없는 사랑이심을 우리가 언제나 알아야 한다고 말합니다.

우리는 의심하면서도 하느님 사랑 안으로 들어가기 위해 애써야 합니다. 그리고 온갖 의심에도 불구하고 이렇게 말해야 합니다. "제가 아무것도 이해하지 못하더라도 저는 당신을 꼭 붙잡고 있겠습니다."

❈

당신은 살면서 어떤 고통을 겪었나요? 무엇이 당신을 깊은 슬픔에 잠기게 했나요? 슬퍼하면서 어떤 의심이 들었나요? 당신 자신과 당신 삶의 의미에 대한 의심, 하느님에 대해 의심하며 혼란스러워하지 않았나요? 의심과 혼란스러운 감정들을 이겨 내는 데 무엇이 당신에게 도움을 주었나요?

확고한 믿음에 대한 갈망

우리는 병에 걸린 사실을 받아들이기 힘들어합니다. 그러나 어떤 사람은 자신의 병을 순순히 받아들이고 평화롭게 견뎌 냅니다. 한 여성이 저에게 자기 어머니에 관해 들려주었습니다. 어머니는 오래전부터 죽음을 준비해 왔다고 합니다. 그리고 죽음에 대해 이렇게 말했다고 합니다. "하느님은 죽음을 좋게 여기신다. 지금 그대로가 좋구나. 내게 좋은 것이 무엇인지 하느님은 잘 알고 계신단다." 어머니가 삶의 끝자락에서도 불안과 고통으로 흔들리지 않는 이유가 무엇인지 물었습니다. "이 모든 것이 무엇을 의미하는지 이해할 수 없지. 하지만 이 모든 것이 그렇게 된 이유를 하느님은 이미 알고 계신다고 믿고 하느님을 위해 그것을 받아들이는 거란다."

어느 선교사도 한 아프리카 여성에 관해 얘기했습니다. 그 여성은 많은 고통을 겪었지만 씁쓸해하지 않았다고 합니다. 그녀는 '하느님은 선하신 분'이라고 확신했습니다. 우리는 이러한 믿음이 숙명론적인 태도로 이끈다고 말할 수도 있습니다. 그러나 두 여성은 체념이 아니라 큰 평화의 인상을 남겼습니다. 그들은 자신들의 삶과 세상에서 일어나는 온갖 불행에 굴하지 않았습니다.

저도 저의 부모님이 떠오릅니다. 두 분은 믿음이 깊었습니다. 전쟁을 겪은 부모님은 당시에 뢴에 있는 작은 마을로 피난했습니다. 뮌헨 인근의 로흐함에 있는 집이 항공기 제작 공장 근처에 있어서 폭격의 위험에 노출되었기 때문입니다. 제2차 세계 대전 후에는 궁핍하게 살았습니다. 아버지가 하던 사업이 실패하면서 파산하여 경제적 어려움이 컸습니다. 그러나 두 분은 하느님을 의심하지 않았습니다. 온갖 어려움에도 '하느님은 우리에게 축복을 내리시며, 우리를 떠나지 않으신다.'라고 확신하면서 그 모든 것을 받아들였습니다. 어머니는 늘 이렇게 말씀하셨습니다. "그 어떤 경우에도 희망을 잃어서는 안 된다." 몇 해 전에 넓적다리뼈가 부러져 누워 지냈을 때도 이러한 생각은 변함이 없었습니다.

삼촌인 스투르미우스 신부님이 세상을 떠났을 때, 아버지는 관 속에 누워 있는 삼촌을 보면서 오열했습니다. 그러나 아버지의 믿음은 흔들리지 않았습니다. 아버지는 자리에서 일어나 관 앞에 똑바로 섰습니다. 이 모습은 아버지를 똑바로 세워 준 믿음에 대한 하나의 표상이었습니다. 부모님을 비롯해 그 시대의 많은 사람은 믿음 안에서 굳건히 섰습니다. 그들은 오늘날 우리가 갈망하는 내적 확신을 지녔습니다.

제 이모 한 분은 아이펠 지역의 달렘에서 농장을 유산으로 물려받았습니다. 이모부는 젊은 나이에 전사했습니다. 전쟁 후 이모는 농장을 꾸려 나가기가 매우 힘들었습니다. 그래서 재혼했습니다. 세월이 흐른 뒤, 농장을 물려받은 큰아들이 피부암으로 세상을 떠났습니다. 딸 하나도 백혈병으로 죽었습니다. 그럼에도 이모는 무너지지 않았습니다. 그 모든 것을 어떻게 견뎌 냈느냐고 제가 묻자, 이모는 매우 밝고 명확하게 대답했습니다. "누구나 자기 십자가를 져야 한단다." 이모는 하느님과 그분의 선하심을 의심하지 않았습니다. 이모는 운명을 그대로 받아들였고 운명에 대해 묻지 않았습니다. 자신의 운명을 하느님께서 자신에게 주신 십자가로 여겼습니다. 그러나 이모는 이 십자가에 대해 씁쓸해하지 않았습니다. 그것을 받아들이고 짊어졌습니다. 이모는 모든 고통에도 불구하고 내적 기쁨을 유지했습니다.

어머니와 이모의 믿음은 독선적이거나 완고하지 않았습니다. 두 분은 논거를 대면서 진리를 옹호하지 않았습니다. 또한 자신들의 믿음을 확신하면서 다른 사람들 위에 서지 않았습니다. 두 분은 고통받는 이들에게 다가갔습니다. 그리고 그 어떤 말보다 그들의 말을 경청했으며, 그들의 고통을 함께 나누었습니다. 두 분은 내적 확신과 믿음 안에서 신뢰를 지녔습니다. 두 분은 어릴 때부터 믿음을 배웠고, 믿음 안에서 성장했습니다. 그 믿음이 그분들의 삶을 유지하게 해 주었습니다.

우리는 온갖 위기와 고통에도 이러한 믿음에 대한 확신을 갈망합니다. 고통을 겪을지라도 사라지지 않는 내적 평화를 갈망합니다. 평화와 믿음에 대한 확신은 고통을 몰아내지는 않습니다. 오히려 고통을 받아들입니다. 그러한 믿음에 대한 확신은 호언장담하는 말로써 오는 것이 아닙니다. 언제나 조용하고 겸손한 방식으로 표현됩니다. 우리는 믿음에 대한 확신으로 다른 사람들을 설득할 수 없습니다. 그러나 질문을 받게 되면 평화롭고 겸손하게 이렇게 말할 수 있습니다. "이 모든 것에도 불구하고 하느님께서 나를 이끌어 주셨습니다. 내가 짊어져야 하는 짐은 무겁지만 저는 그것을 받아들입니다. 그것은 그 나름대로 의미를 지닌다고 생각해요." 믿음은 우리가 살면서 져야 하는 짐에도 의미를 부여합니다. 우리가 바라는 대로 이루어지지 않더라도 믿음이 있으면 절망하지 않습니다.

저는 동료 수사들에게서도 이러한 믿음에 대한 확신을 체험했습니다. 요아힘 수사는 오랫동안 선교 전문가로 활동했고, 아프리카에서 많은 사람에게 도움을 주었습니다. 그는 10년 넘게 신장 투석을 위해 매주 세 번 뷔르츠부르크로 와야 했습니다. 그를 태운 택시 기사와 신장 투석 때 그를 돌본 의사와 간호사들은 그의 평정심에 감동했습니다. 그는 신장 투석을 더 이상 할 수 없게 되고 죽음이 임박했을 때, 그 사실을 매우 침착하게 받아들였습니다. 그리고 나서 자신이 세운 작업장에서 함께 일하는 이들과 작별 인사를 나누었습니다. 그는 하느님을 원망하지 않았습니다. 오히려 자신이 살아온 삶에 대해 감사했습니다. 그는 하느님의 강한 팔이 자기를 안아 주시리라고 확신하면서 아주 평화롭게 떠났습니다.

우리는 시간을 되돌릴 수 없습니다. 우리는 여러 곳에서 의심과 마주칩니다. 그러나 우리가 의심을 통과해 갔다면, 이제 한동안 굳은 땅 위에 서 있게 된 사실에 대해, 온갖 의심에 맞서 믿음을 위해 결정을 내린 것에 대해 감사하는 마음도 들 것입니다. 믿음은 언제나 하나의 결정이기도 합니다. 우리가 이렇게 결정을 내렸다면, 그 결정에 의문을 제기할 필요가 없습니다.

인간의 불확실함에 관해 기술한 부스트는 '지혜를 얻기 위한 노력'에서 하나의 답을 찾았습니다. 그는 이러한 노력에서 "정신적 굳셈과 영적 기동성의 지혜로운 일치"[40]를 이해합니다. 지혜는 많이 안다고 해서 얻어지지 않습니다. 오히려 현실을 더 깊이 바라보는 가운데 얻게 되는 것입니다. 지혜는 "휴식과 활동이 조화로운 일치를 이루게 하는 저 숭고한 평정심으로"[41] 이끕니다.

제가 앞서 자신들의 운명을 침착하게 받아들이는 분들을 이야기했는데, 부스트는 이것을 더 심오하고 초자연적 지혜, 믿음의 지혜의 표지로 기술합니다. "지혜로운 사람은 삶을 더 심오한 의미의 연관성으로 바라볼 뿐만 아니라, 이 의미가 자신에게 요구하는 것들도 인식한다. 또한 이 요구들에 응하고, 삶의 의미의 연관성 안으로 들어간다. 더 자세히 말하자면, 불평하거나 불쾌해하거나 체념하지 않고, 겸손하고 감사하며 밝게 그리고 큰 사랑만이 줄 수 있는 저 천진스럽고도 굳은 확신과 함께 살아간다."[42]

부스트는 이러한 참된 지혜, 믿음에 대한 확신을 전문가와 철학자, 신학자가 단순한 사람들보다 더 얻기 힘들다고 봅니다. 이에 대해 예수님은 이렇게 말씀하셨습니다. "아버지, 하늘과 땅의 주님, 지혜롭다는 자들과 슬기롭다는 자들에게는 이것을 감추시고 철부지들에게는 드러내 보이시니, 아버지께 감사드립니다."(마태 11,25)

저는 이러한 지혜를 제 어머니와 아버지, 또한 제가 만나면서 그 깊은 믿음에 놀라워했던 많은 연로한 이들처럼 단순한 사람들에게서 종종 봅니다. 또한 나이가 많은 동료 수사들에게서, 마지막까지 자신의 신뢰와 믿음에 대한 확신을 꼭 붙들고 내적 기쁨을 유지하며 세상을 떠난 동료 수사들에게서도 이러한 지혜를 봅니다. 저는 이들의 깊은 믿음을 단순히 따라갈 수 없습니다. 그러나 모든 의심을 허용하고 믿음을 위해 결정을 내리면서 단순히 믿고 의심하지 않는 것이 얼마나 유익한지 깨닫습니다. 그것은 성경 말씀이나 신앙 고백(사도신경)에 대해 묻지 않는다는 뜻이 아닙니다. 저는 이것들을 해석하고자 애씁니다. 하지만 이에 대해 의혹을 품지 않습니다. 저는 믿음이라는 카드를 꺼냅니다. 그리하여 이해할 수 없는 것을 이해하고, 깨달을 수 없는 것을 깨닫기 위해 노력합니다. 이해할 수 없는 것을 거부하지 않고 의심하기도 합니다.

부스트는 우리가 확실함과 불확실함 사이의 어스름 가운데 서 있다고 말합니다. 저도 이러한 긴장을 알고 있습니다. 제가 믿음이라는 굳건한 토대 위에 서 있을 때가 그렇습니다. 그것은 믿음에 대한 확신이 편협하고 고정된 근본주의로 들어가지 않도록 저를 지켜 줍니다. 부스트가 언급했듯이, 그것은 유쾌한 확신, 냉정한 확신입니다. 유쾌함과 냉정함과 사랑이 믿음에 대한 확신과 결부되었을 때에만 이 믿음에 대한 확신이 믿음에 부합합니다. 히브리인들에게 보낸 서간은 믿음에 관해 다음과 같이 기술했습니다. "믿음은 우리가 바라는 것들의 보증이며 보이지 않는 실체들의 확증입니다."(히브 11,1)

의심하는 이들은 이렇게 확실한 믿음을 갈망합니다. 오늘날 다양한 세계관에 노출되어 있는 사람들은 이렇게 확실한 믿음을 갈망합니다. 끊임없이 질문할 필요가 없는, 단순한 믿음에 대한 갈망입니다. 그것은 다음과 같습니다. "하느님은 계신다. 그분은 선하시다. 그분은 내가 내 삶과 세상을 이해하지 못하더라도, 나를 잘 이해하신다. 그러나 나에게 믿음에 대한 확신은, 성경을 믿고 교회의 신앙 고백을 믿는 것이다. 교회는 성경 말씀과 신앙 고백(사도신경)에 나오는 말들을 이해하고 해석하고 또 이해할 때까지 고투하라는 도전으로 받아들인다." 이는 사람들의 질문이나 자신의 마음속 질문을 받더라도 피하지 않는 낙관주의적인 믿음입니다.

저는 성경의 모든 말씀이 참된 삶을 위한 길을 가르쳐 준다고 믿습니다. 그리고 아우구스티노 성인의 이 말씀을 늘 중요하게 생각합니다. "하느님의 말씀이 네 구원의 근원이 될 때까지 그분의 말씀은 네 의지의 적이다. 네가 너 자신의 적인 한, 하느님의 말씀도 너의 적이다. 너 자신의 친구가 되어라. 그러면 하느님의 말씀도 너와 일치할 것이다."

저는 성경의 말씀이 시대에 맞는지 아니면 시대적 제약을 받는지, 오늘날에도 여전히 유효한지 묻지 않습니다. 저는 성경 말씀을 하느님의 말씀으로 받아들이고 성경 말씀의 의미가 저에게 밝혀질 때까지 씨름합니다. 성경 말씀이 저에게 맞게 해명되는 한 가지 기준은 언제나 제가 저 자신의 친구가 되는 것, 제가 저 자신과 사람들과 다정하게 교류하는 것입니다.

독일 남부 지역 대도시에 사는 한 남성이 제게 다음과 같이 이야기했습니다. 자기 집에 세 들어 사는 사람이 주일 아침에 찾아와 뭔가를 부탁했다고 합니다. 그 남성은 이웃 사람에게 이렇게 말했습니다. "유감스럽게도 지금은 그 부탁을 들어줄 수가 없어요. 미사 참례하러 가야 해서요."

그러자 그 이웃은 요즘에도 종교 활동을 하는 분이 있는 줄 몰랐다며 깜짝 놀라더랍니다. 이 말을 들은 그는 믿음에 대한 의구심을 품을 수도 있었지만, 오히려 믿음에 확신을 갖고 주일 미사에 참례했습니다. 그 이웃은 남성의 확신에 찬 대답으로 인해 자신의 생각이 흔들렸을지도 모릅니다. 그는 불확실한 상태에 빠지지 않으려고 미사 참례를 시대에 뒤처진 것이라고 속단할 수밖에 없었을 것입니다. 믿음이 없는 세상에서 그리스도인들이 내적 확신으로 자신의 믿음을 지키고 사람들이 묻는 질문에 대해서도 대답한다면, 이는 다른 이들에게 유익을 줄 것입니다.

어떻게 해야 우리가 이러한 확신에 이를 수 있을까요? 의심을 몰아내는 것이 관건이 아닙니다. 그러나 오늘날의 교회에 대해 의문이 들더라도 주일 미사에 참례하기로 결정하는 것은 내적 확신을 줍니다. 저는 주일마다 삶의 의미와 초월성에 대해 묻습니다. 그러고는 저를 지탱해 주는 것이 무엇인지 생각합니다. 주일 미사 또는 날마다 거행하는 전례나 의식에 참례하면서 이것이 저를 지탱해 준다는 것을 깨닫습니다. 전례와 의식을 통해서 현존하시는 하느님께 저를 내맡겨 드립니다. 이것이 저를 유지시켜 줍니다.

저는 매일 하느님이 가까이 계심을 체험합니다. 구원으로 이끄시는 그분께 저를 내맡기는 것이 저에게 이롭습니다. 시간을 내어 성경 말씀을 읽고 강론을 통해 성경 말씀의 해석에 귀 기울이며 질문도 던집니다. 그리고 성체성사의 신비를 깨닫고자 애씁니다. 성체성사에서 빵과 포도주가 예수 그리스도의 몸과 피로 변화되는 것을 기릴 뿐만 아니라 저 자신의 변화도 기리는 것입니다. 나아가 하느님께서 저를 위해 만들어 놓으신 유일무이한 모습으로 제가 점점 더 변모되는 것이 저에게 유익을 준다는 것도 압니다.

집주인의 주일 미사 참례 사실에 대해 이웃 사람이 취한 반응은 오늘날 많은 사람이 신앙이 주는 어떤 확신을 갈망한다는 것을 보여 줍니다. 그들은 신앙을 지녔으면서도 이 세상에 대한 물음에 마음이 열린 사람들을 갈망합니다. 그리고 자신을 지탱하게 하는 내적 확신을 갈망합니다.

독일어로 '확신Gewissheit'은 '안전Sicherheit'과 약간 다릅니다. '확신하는gewiss'은 '알다wissen, 아는 것'에서 유래했습니다. 그리고 '알다'는 원래 뭔가를 보는 것, 뭔가를 인식하는 것을 의미합니다. 따라서 확신은 내적으로 보는 것을 뜻합니다.

반면에 '안전, 안정'을 뜻하는 독일어 '지허하이트Sicherheit'는 라틴어 '세쿠리타스securitas'에서 나왔는데, 이 말은 원래 '걱정 없음 sine cura'을 의미합니다. 인간의 본질에 어긋나는, 잘못된 '걱정 없음'이 있습니다. 인간은 근본적으로 걱정하는 존재라고 현대 철학자 하이데거는 말합니다. 이에 따라 안전은 사실 환상입니다. 극도의 걱정 없음은 존재하지 않으니까요. 예수님이 말씀하시듯, 걱정을 상대화하는 것, 불안을 유발하는 걱정을 자애로운 돌봄으로 변모시키는 것만 존재합니다. '안전한, 안정한sicher'은 원래 법률 용어로 '벌을 받지 않는 것, 의무가 없는 것'을 의미합니다. 따라서 안전은 외적 안전을 의미합니다. 그렇지만 확신은 내적 태도입니다. 나는 그 무엇을 인식했고, 그래서 그것을 확신합니다. 우리는 불확실하고 결속력 없고 불안전한 이 세상에서 그러한 확신을 갈망합니다. 우리가 의심을 몰아내면 이러한 내적 확신에 이르지 못합니다. 우리의 불안을 허용하고 그 불안이 무엇을 의미하는지 끝까지 생각하면 그 불안이 우리를 새로운 확신으로, 부스트가 말한 새로운 지혜로 이끌어 줄 것입니다.

초기 수도승들은 내적 확신에 이르기 위해 두 가지 방식을 전개했습니다. 먼저 '영적 독서lectio divina'를 하고 이어서 '되새기는 것ruminatio'입니다. 되새기는 것은 성경 말씀을 곱씹는 것을 의미합니다. '영적 독서' 때 저는 성경을 읽지만 지식 증대를 위한 것이 아닙니다. 그렇다고 성경 본문에 의문을 제기하려는 것도 아닙니다. 저는 성경 본문을 하느님께서 지금 저에게 하시는 말씀으로 받아들입니다.

첫째 단계인 '영적 독서(렉시오lectio)'는 이런 뜻입니다. 내가 하느님의 말씀을 읽는 것은 그 안에서 하느님의 마음을 발견하기 위해서입니다. 둘째 단계인 '묵상(메디타시오meditatio)'은 말씀을 마음에 새기고 음미하는 것입니다. 말씀을 의심하지 않고, 그 말씀을 깨닫고자 애쓰며, 자문합니다. "이 말씀이 맞는다면, 나는 여기서 시작합니다, 나는 나를 어떻게 체험하고 어떻게 느끼는가? 나는 누구인가?" 셋째 단계인 '기도(오라시오oratio)'는 내가 묵상하고 느낀 것을 실제로 맛볼 수 있도록, 그 말씀과 완전히 하나가 되도록 하느님께 청하는 것입니다. 넷째 단계인 '관상(콘템플라시오contemplatio)'은 말씀을 통해 침묵의 공간으로 들어가는 것입니다. 거기서 우리는 모든 말 건너편에 계신 하느님과 하나가 됩니다.

저는 이 연습을 위한 렉시오디비나 모임의 참가자들을 지도하면서 늘 이렇게 말합니다. "우리가 성경을 읽다 보면 우리 안에서 의심이 들기도 합니다. 예컨대 '예수님이 이 말씀을 정말로 하셨을까?' 또는 '성경 저자는 그때 무엇을 생각했을까?' 하는 의혹이 생깁니다. 성경을 읽으면서 우리의 이성을 만족시키는 것은 중요합니다. 그러나 지금 '영적 독서'에서 우리는 성경 본문이 맞는다고 여기면서 단순히 행해야 합니다."

이제 나는 성경 말씀을 택합니다. 가령 갈라티아 신자들에게 보낸 서간에 나오는 다음 구절을 읽습니다. "이제는 내가 사는 것이 아니라 그리스도께서 내 안에 사시는 것입니다."(갈라 2,20) 이 말씀을 맛보고자 애쓰면, 이 말씀이 나를 내적 확신으로, 깊은 체험으로 이끌어 줍니다. 이 말씀은 나를 내 영혼 깊은 곳으로 이끕니다. 거기서 나는 그리스도와 그리고 나의 참된 자아와 하나가 됩니다. 이러한 내적 체험은 합리적 논증과는 다른 형태의 확신을 줍니다.

옛 수도승들이 우리를 내적 확신으로 이끌어 주는 방법은 되새기는 것, 곱씹는 것입니다. 수도승들은 이 말을 소의 되새김질에서 따왔습니다. 소가 먹이를 되새김질하듯, 우리는 하느님의 말씀을 언제나 곱씹어야 합니다. 그 말씀이 우리 몸 전체에 스며들어 우리가 내적 기쁨과 사랑으로 충만해질 때까지 그렇게 해야 합니다.

저는 불확실함, 저 자신에 대한 의심, 저의 정신 건강과 참된 영성을 위해 코린토 신자들에게 보낸 둘째 서간 5장 17절에 나오는 말씀을 읽고 되새깁니다. "누구든지 그리스도 안에 있으면 그는 새로운 피조물입니다. 옛것은 지나갔습니다. 보십시오, 새것이 되었습니다."

단지 말씀일 뿐이라고 여기는 사람도 있습니다. 그러나 이 말씀 안으로 들어가고 그 말씀을 맛보면, 내적 확신으로 나아갈 수 있습니다. 내 안에는 나의 실수와 약함만 있는 게 아닙니다. 나의 과거에 의해서 특징지어진 존재로 그치지 않습니다. 내 안에는 뭔가 새로운 것, 예수님의 영에 의해서 새롭게 만들어진 것이 있습니다. 그리고 이 새로운 것이 나 자신에 대한 새로운 체험으로 이끌어 줍니다.

교회의 가르침에 대한 의혹이 드는 순간

"네가 너 자신의 적인 한, 하느님의 말씀도 너의 적이다.
너 자신의 친구가 되어라. 그러면 하느님의 말씀도 너와 일치할 것이다."

— 아우구스티노 성인

어렸을 때 성당에서 복사로 활동했을 정도로 열심이었지만 지금은 성당에 나오지 않는 사람들과 대화해 보면 종종 이런 말을 듣게 됩니다. "저는 교리를 믿지 못하겠어요. 예수님이 동정녀에게서 태어나셨다는 것, 예수님이 하느님의 아드님이라는 것에도 의문이 듭니다. 죽은 이들의 부활과 교황의 무류성에 대해서도 의문이 듭니다." 이런 사람들은 두 가지 가능성만 있을 거라고 생각합니다. 교의가 맞거나 맞지 않거나. 이렇게 두 가지를 놓고 택합니다.

하지만 이것은 저에게 중요하지 않습니다. 저는 모든 교의를 진지하게 받아들입니다. 이 교의를 이해하는 것이 저의 과제입니다. 저는 교의 신학 부문에서 박사 학위를 받았습니다. 저에게는 교의를 대하고 인식하는 것이 중요합니다. 교의는 독선을 표현한 것이 아닙니다. 오히려 신비에 마음을 열고자 하는 것이지요. 그리고 교의 신학은 하느님과 우리 구원의 신비를 다루는 학문입니다.

예수님이 동정녀에게서 태어나셨고, 그분이 하느님의 아드님이신지에 관해 다루기 전에 이러한 진술들이 무엇을 말하는지 먼저 깊이 생각해 보아야 합니다. 여기에는 구원론적 교의, 즉 우리의 구원에 관해 알려 주는 교의만 있습니다. 예수님이 생물학적으로 동정녀에게서 태어나셨는지 그렇지 않은지는 우리의 구원에 결정적인 요소가 아닙니다. 따라서 이것은 신학적 진술이지, 생물학적 진술이 아닙니다. 교의 신학은 생물학적으로 말하지 않습니다.

그러나 하느님이 동정녀 마리아 안에서 새로운 시작을 하셨다는 것, 하느님이 사람이 되시어 이 세상에 오셨다는 것, 바로 이것이 결정적으로 중요합니다. 이것은 의심하는 이도 받아들일 수 있을 것입니다. 예수님이 하느님의 아드님이시라는 것이 무슨 뜻인지 곰곰이 생각하면서 이 말이 지닌 풍요로움도 유념해야 할 것입니다. 하느님의 아드님은 구약 성경에서 먼저 언급되었고 이는 하느님과의 매우 긴밀한 관계를 나타내는 표현입니다. 이런 의미에서 이스라엘의 임금들도 하느님의 아들이었습니다. 그러나 그리스 신학자들은, 예수님과 하느님의 특별한 관계를 나타낸 성경의 진술들을 철학에 기대어 표현했습니다.

예수님이 하느님의 아드님이시라는 것을 철학적인 사고로 접근하자, 사람들은 이 사실을 쉽게 받아들였습니다. 존재는 상징 그 이상입니다. 존재는 하나의 실재입니다. 고대 그리스 철학은 예수님의 본성을 표현합니다. 그분은 실제로 하느님의 아드님이십니다. 그러나 그것이 정확히 무엇을 의미하는지는 설명하기가 쉽지 않습니다. 그리스 신학자들은 하느님과 인간 예수님과의 정확한 관계를 설명하기 위해 수백 년 동안 논쟁했습니다. 이렇게 그들이 설명하고자 애쓴 것을 우리는 존중해야 합니다. 그러나 예수님이 하느님의 아드님이라는 신비에 관한 모든 것이 설명되었다는 뜻은 아닙니다.

오늘날에도 철학적, 심리학적 지혜를 동원하여 이 신비를 새로운 방식으로 기술하기 위해 애써야 합니다. 중요한 것은 이미 알려져 고정된 예수님에 관한 것이 아니라 우리가 그분에 관해 말하는 것, 그분 안에 신비가 머물러 있으며, 우리가 그분 안에서 마주하는 신비에 우리의 마음을 열어야 하는 것입니다.

틸리히에게 하느님은 우리와 무조건 관계가 있는 분입니다. 우리가 하느님의 아드님이신 예수님에 관해 말한다면, 이는 인간이신 그분이 우리와 무조건 관계가 있다는 것이며, 우리는 당시 역사적 조건들에 의해 규정된, 제약을 받는 인간인 그분 위에 군림할 수 없다는 것을 의미합니다. 예수님의 말씀 안에는 하느님이 우리에게 하시는 말씀과 질문이 담겨 있기에, 우리는 그분의 말씀을 들어야 합니다.

저는 교의에 대한 의심을 교의의 일부를 거부하는 것이 아니라, 교의를 언제나 새롭게 해석하고 이해하는 것으로 받아들입니다. 신학이란 내가 믿는 것을 이해한다는 것을 뜻합니다. 의심하는 이에게 저는 하느님의 신비와 예수님의 신비를 설명해 주어야 할 권리가 있습니다. 이때 제가 그것을 증명할 수는 없지만 이러한 교의들을 의미 없는 것으로 매도하지 않고 그 심오한 의미를 파악할 수 있도록 이성적으로 설명할 수 있습니다.

많은 가톨릭 신학자는 원죄 없이 잉태되신 성모님에 관한 교의(1854년 비오 9세 교황에 의해 반포)와 성모 승천 교의(1950년 비오 12세 교황에 의해 반포)가 선포되었을 때 큰 의혹을 제기했습니다. 특히 개신교 신자들이 그러했을 것입니다. 저는 이 두 가지 교의를 우리 자신의 구원에 대한 표상으로 보아야 한다고 생각합니다. 성모님에게서는 원죄가 없다고 선포함으로써 우리 안에는 원죄에 의해 건드려지지 않은 공간이 있다는 것, 내 안에 죄가 들어오지 못하고 죄책감도 들어올 수 없는 공간이 있다고 믿는 것은 우리에게 유익합니다. 성모 승천 교의로 인해, 우리가 죽어서 몸과 영혼을 지닌 완전한 사람으로서 하늘로 받아들여진다는 것을 듣게 되면, 이것은 기쁜 소식입니다.

이 교의들이 조금은 어렵게 기술되었지만 성령께서 활동하시고 우리 구원에 관한 본질을 표현한다고 믿습니다. 만약 교황이 교회의 윤리적 가르침을 교의로 채택하여 선포한다면 어려움에 부딪칠 것입니다. 요한 바오로 2세 교황의 재임 시절에 로마에 그런 추세가 나타났습니다. 만약 그렇게 되었다면 그것은 모든 가톨릭 교의 신학과 신학적 전통에 어긋났을 것입니다. 윤리적 교의는 근본적으로 있을 수 없기 때문입니다. 윤리는 고정되어 있지 않고 변화합니다.

교의는 우리 구원의 신비에 관해서만 말하고자 합니다. 간혹 잘못된 방향으로 자신의 생각을 주장하는 신학자들이 나오기도 하지만 결국 성령께서는 이들이 그 주장을 펼치지 못하도록 막아 주신다고 저는 믿습니다. 성령께서는 실제로 그렇게 하셨습니다.

오늘날 종교가 없는 이들이 증가하고 있습니다. 영국에서는 그런 사람들을 '노운즈Nones'라고 부릅니다. 그들은 자신의 종교를 표시할 때 '그리스도교' 칸에도 '기타' 칸에도 표시하지 않고, '아무것도 없음none'에 표시하기 때문입니다. 영국의 종교사회학 교수인 린다 우드헤드Linda Woodhead는 이 '노운즈'를 다음과 같이 기술합니다. "그들은 대부분 그리스도교 관련 교육을 받았으며, 지금은 더 높은 권위에 복종하지 않고 자신의 삶을 어떻게 살지 결정하는 것은 모든 사람의 의무라고 확신한다. 그들은 종교를 개인의 가치관을 구속하는 원인으로 여기며 거부한다."[43]

이들 가운데 다수는 자신을 신앙인이라고 말합니다. 그들은 초월적인 것에 대해 마음이 열려 있습니다. "그들은 그 어떤 교의도, 윤리적 규정도 좋아하지 않고 모든 유형의 지도를 거부한다. 그들은 스스로 결정하기를 바라거나 적어도 본인이 결정할 수 있다고 생각한다."[44]

독일에서는 이런 '노운즈'가 34퍼센트에 달하고, 영국에서는 전체 인구의 절반이 넘습니다. 이러한 현상은 오늘날 교회의 새로운 과제이자 도전입니다. 그들 자신과 그들의 견해를 분리시키고 기존 종교에 대한 그들의 의심을 진지하게 받아들이라는 것입니다. 과거의 교회들은 통상적으로 사람들에게 무엇을 믿어야 하는지, 어떻게 살아야 하는지를 제시했습니다. 그러면서 예수님이 사람들에게 주셨던 자유를 잊었습니다.

이 '노운즈'와 대화할 때 관건은 그들이 교의에 대해 갖는 의혹을 이해하는 것입니다. 그러나 인간은 누구나 양심에 따라 살아야 한다는 것, 이는 그리스도교 가르침이기도 하다는 것을 그들에게 분명히 밝혀야 합니다. 그렇습니다. 인간은 양심의 소리에 따를 때 자유롭습니다. 나를 영적 전통에서 떼어 놓는 것도 교육에 속합니다. 이 말은 철학과 자연과학, 종교에도 적용됩니다.

우리 신학자들은 유식한 척하면서 등장하면 안 됩니다. 찾고 의심하는 이로, 그러나 의심하면서 자신이 그 의심 속에 설 수 있는 이유를 찾는 이여야 합니다. 누구나 이 이유를 스스로 찾아야 합니다. 그러나 신학자들의 과제는 사람들이 이것을 찾도록 하는 것입니다. 영적 전통은 권위주의적 체제가 아닙니다. 영적 전통은 지혜로 가득 차 있으며, 대화를 통해 사람들이 그릇된 길에 들어서지 않도록 막을 수 있습니다. 우리 신학자들은 그런 사람들을 종종 관찰했습니다.

'노운즈'는 교의뿐만 아니라 성경도 거부합니다. 성경을 구속력 있는 책으로, 자신들이 받아들여야 하는 하느님의 계시로 여기며 거부하는 것입니다. 그러나 그들도 성경을 서양 전통에서 중요한 책으로 평가합니다. 무신론자를 자처한 시인이자 극작가 베르톨트 브레히트도 성경을 자신에게 가장 중요한 책이라고 말했습니다. 신학자들의 과제는 성경을 이해하려는 사람들에게 도움을 주는 것입니다. 많은 사람이 성경을 읽으면서 성경 말씀을 제대로 이해하지 못하기 때문입니다. 이렇게 성경 말씀을 이해하지 못하면 흔히 성경책을 옆으로 밀어 놓습니다. 또는 성경을 문학 작품으로 읽기도 합니다. 이렇게 그들은 성경을 자유롭게 대할 수 있는 문학 작품으로 여기고, 주석가들이 제시하는 것들은 읽으려 하지 않습니다.

저는 언제나 성경 편에 섭니다. 물론 저는 성경이 하늘에서 뚝 떨어진 게 아니라 인간에 의해 쓰였다는 것을 알고 있습니다. 그러나 저는 이 성경 안에서 하느님이 저에게 하시는 말씀을 봅니다. 이는 성경 말씀을 절대시한다는 뜻이 아닙니다. 저는 그 성경 말씀을 이해할 때까지 성경 말씀과 싸워야 합니다.

개신교 주석가 울리히 루츠와 토론하면서 우리 두 사람은 성경을 읽을 때 서로 다르다는 것을 확인했습니다. 울리히 루츠가 말하기를, 성경의 몇몇 대목은 자신을 화나게 하므로 삭제해 버리고 싶다고 했습니다. 저는 그에게 이렇게 대답했습니다. "제 생각은 다릅니다. 저는 성경 말씀을 진지하게 받아들이려고 애씁니다. 그러나 그 심오한 의미가 제게 밝혀질 때까지 성경 말씀과 싸웁니다."

물론 저는 신약 성경 서간들에 관해 울리히 루츠가 밝힌 견해 일부는 인정해야 했습니다.

바오로 사도는 때로 매우 열정적으로 말합니다. 이때 그에게 여러 감정이 나타납니다. 우리는 그러한 열정적인 말을 무조건 받아들여서는 안 됩니다. 그 말을 역사적 맥락에서 이해하고 받아들여야 합니다. 역사 비평적 성서학은 우리가 일부 성경 본문을 어떻게 이해해야 하는지 제시했습니다. 그러나 저는 그 어떤 성경 본문도 삭제하고 싶지 않습니다. 그 성경 본문을 이해할 때까지 그것과 싸우는 것이 제가 할 일입니다. 성경 본문을 이해한다는 것은 자기 자신을 더 잘 이해한다는 뜻이기도 합니다.

그러나 성경 본문을 하느님께서 저에게 하시는 말씀으로 이해한다는 것은, 성경의 모든 본문이 저에게 똑같이 중요하다는 의미가 아닙니다. 구약 성경이 전쟁에 관해 전하는 내용들을 글자 그대로 받아들여서는 안 됩니다. 그 내용들을 곧이곧대로 받아들인다면 저는 지극히 군사적인 모습의 하느님 상 옆에 서게 될 것이기 때문입니다. 이러한 성경의 본문들은 상징적으로 받아들여, 다시 말해 내면의 적과 맞서 싸우는 것으로 이해되었습니다. 오늘날에도 이 내면의 적은 우리를 제압하려 합니다.

성경 본문을 진지하게 받아들인다는 것은 그것을 근본주의적으로 해석한다는 뜻이 아닙니다. 근본주의자들은 성경 본문들이 한 가지 내용만 기술하는 게 아니라 매우 다양한 내용을 기술하고 있다는 것을 간과합니다. 성경 안에는 치유, 비유, 상징, 경고, 만남과 부르심 등의 많은 이야기가 나옵니다. 그리고 이 모든 유형은 고유한 의미를 지닙니다. 우리는 성경 본문들을 이해하면서 그 말씀의 의도를 파악해야 합니다. 또한 그 성경 본문들이 우리 마음을 건드리도록 항상 성경을 찾고 질문해야 합니다.

❈

당신은 교회가 선포한 교의 중에서 받아들이기 힘든 교의가 있나요? 만일 있다면, 그것이 무엇을 의미하는지 찾아보세요. 이때 당신은 두 가지 질문을 할 수 있습니다.

첫째, '하느님에 관한 가르침과, 그분과 인간의 관계에 관한 가르침은 무엇을 말하는 것인가? 이 가르침이 주는 메시지는 무엇인가?'

둘째, '이 가르침은 나에 관해 무엇을 말하는가? 이 메시지는 나에게도 기쁨을 주는 메시지인가? 나의 구원과 치유, 내적 완전함에 관한 이 내용들은 무엇을 말하고자 하는가?'

성경 본문 중에서 당신을 화나게 한 대목이 있는지 찾아보세요. 만일 있다면, 이렇게 스스로에게 물어보세요. '그 성경 말씀이 나를 화나게 하는 이유는 무엇일까? 혹시 그 말씀이 어린 시절의 상처를 떠오르게 하기 때문일까?'

만약 그 말씀이 내적 상처와 관련된다면 충분히 묵상한 뒤, 다음과 같이 자문해 볼 수 있습니다. '이 말씀이 내가 행복하고 주도적인 삶을 살도록 이끌어 줄까? 성경 말씀을 따르는 길로 가려면 나는 어떤 생각들과 결별해야 할까?'

이때, 성경 말씀들이 우리에게 두려움을 갖게 하는 게 아니라, 자신의 진실에 대해, 그리고 행복한 삶으로 가는 길을 안내한다는 것을 기억하세요.

자녀가 품는 의심에 대처하는 법

"우리는 의심을 통해 탐구하고, 탐구하면서 진리를 깨닫는다."

– 아벨라르

많은 부모가 자녀가 신앙을 거부한다고 제게 말합니다. 대부분 사춘기를 겪고 있는 아이들입니다. 이 아이들은 자연과학적 사고를 지녔습니다. 그래서 믿음에 대해 의혹을 품고 하느님은 증명할 수 없다고 말합니다. 눈에 보이는 것만 증명할 수 있다는 것입니다. 자연과학은 무엇이 실제이고 무엇이 그렇지 않은지 보여 줍니다. 그리고 자연과학에서 하느님은 존재하지 않습니다. 한 여성은 네 살짜리 손자가 하느님이 없다고 말했다고 합니다. 우주가 세상을 만들었다는 것입니다. 물론 이 어린아이는 주어진 어떤 정보를 무조건 받아들였을 것입니다. 오늘날 부모와 조부모는 이러한 의혹과 논증에 어떻게 대답할 수 있는지 곰곰이 생각해야 합니다.

일부 청소년들은 종교는 허상에 불과하다는 포이어바흐의 주장을 받아들입니다. 인간은 더 안락한 삶을 위해서, 또는 죽음과 몰락에 대한 두려움을 몰아내기 위해서 하느님을 세워 놓았다는 것입니다. 이에 대해 어떤 학생들은 수업 시간에 들었던 교회의 어두운 역사를 내세우며 논증합니다. 또한 복음적인 삶과 일치하지 않는 사제들의 비도덕적인 행동도 이를 뒷받침하는 표지로 삼습니다. 그들은 부모에게 이렇게 말합니다. "저는 신앙이 왜 필요한지 모르겠어요. 교회가 저에게 어떤 도움을 주는지도 모르겠고요. 미사 참례하는 것도 시간 낭비인 것 같아요. 종교는 자유이니 억지로 믿으라고 하지 마세요."

많은 부모가 자녀의 말에 적절히 대답하지 못해 어찌할 바를 모릅니다. 자녀의 모든 논증을 반박하는 것과 하느님이 계시다는 것을 자녀에게 증명하는 것은 별로 의미가 없습니다. 교회를 옹호하는 것도 의미가 없습니다. 교회에서 일어난 좋지 않았던 일은 좋지 않은 것이었습니다. 우리는 그것을 열린 마음으로 인정해야 합니다. 그리고 자녀가 미사 참례를 거부한다면, 그것을 받아들여야 합니다. 그러나 자녀에게 이렇게 물을 수도 있겠지요. "일주일에 적어도 한 시간은 삶의 쳇바퀴에서 잠시 벗어나 네 삶에 관해 생각해 보는 건 어떠니? 미사 참례가 싫다면, 미사를 참례하지 않는 대신 무엇을 하고 싶은지 생각해 봐. 네 삶의 의미를 깨달으려면 무엇이 도움이 되는지도 생각해 보렴."

부모는 자녀의 질문을 진지하게 받아들이고 그것에 몰두해야 합니다. 가장 잘 몰두할 수 있는 방법은 자녀에게 다음과 같이 묻는 것입니다. "너는 하느님을 어떻게 상상하니? 너는 어떤 하느님을 믿을 수 없니?"

그러면 대개 분명해지는 점이 있습니다. 자녀들은 모든 것을 손안에 쥐고 인간을 통제하시는 하느님을 거부한다는 것입니다. 그다음에는 하느님의 신비에 관해 말하는 것이 좋습니다. 즉 그분은 우리 자신보다 더 큰 신비이시며, 우리를 에워싸고 있는 신비이시라는 점을 말하는 것이 좋겠지요. 누군가가 하느님을 믿느냐 믿지 않느냐 하는 것은 외적인 신앙 고백에서 결정되는 게 아니라, 자신을 에워싸고 있는 신비에 마음을 열었는지 여부에 의해 결정됩니다.

이어서 눈에 보이지 않는 가치들에 관해서 말할 수도 있을 것입니다. 예컨대 사랑에 관해서나 모든 것에서 드러나는 아름다움에 관해 말할 수 있습니다. "아름다움은 무엇일까? 아름다운 음악을

들을 때 무엇을 느끼니? 꽃이나 나무를 보면서 어떤 느낌이 드니? 대자연과 창조된 세상의 아름다움은 하느님 자체이신 근원적인 아름다움을 가리키는 건 아닐까? 이 모든 것을 자연과학적으로 설명할 수 있을까? 네 내면의 소리를 들어 본 적 있니? 네 안에 네 자신보다 더 큰 존재가 있다고 느낀 적은 없니?"

뇌 연구에 관해서 들은 청소년들은 종교적 감정이 뇌의 특정한 부위에서 생겨나는 것이라고 말할 것입니다. 뇌는 피아니스트가 연주하는 피아노와 같습니다. 피아노는 피아니스트가 있어야 아름다운 곡이 연주됩니다. 뇌도 마찬가지입니다. 감정은 뇌에서 일어나는 반응을 내보이는 것입니다. 그러나 현대 뇌 연구는 생각, 묵상, 기도, 믿음 등이 뇌의 특정한 반응을 불러일으킨다는 것을 증명합니다. 하지만 종교적 감정을 일으키는 것은 뇌가 아니라 우리의 영혼, 우리의 정신입니다.

청소년들은 종종 하느님에 대한 의심이나 널리 퍼져 있는 불신을 통해 부모에게 맞서려 합니다. 그들은 무엇이 부모를 지탱하게 하는지, 자신들의 믿음을 부모가 어떻게 이해하는지 알고자 합니다. 부모가 이러한 의도를 받아들이고 자녀와 대화를 나누면 좋습니다. 다만 권위주의적으로 이끌어서는 안 됩니다. 자녀의 질문과 주장에 진지하게 귀 기울여야 합니다. 부모는 자신을 지탱하게 하는 것이 무엇이고, 자신의 믿음을 어떻게 이해하는지 깊이 생각해 보는 것도 하나의 도전입니다.

청소년기의 자녀나 신앙이 없는 사람이 교회의 어두운 역사나 사건을 들어 자신들이 신앙을 거부하는 이유로 든다면, 우리는 이 부분을 인정해야 합니다. 그러나 우리는 그들에게 이렇게 질문해야 합니다. "교회의 잘못된 역사나 사건이 신앙이 의미 없다는 것을 말해 준다고 생각하니? 잘 생각해 봐. 네가 믿지 않기 위해 이러한 이유를 대는 건 아닐까? 네가 믿지 않는다는 이유가 오히려 의지하고 싶은 마음, 믿음에 대한 갈망이 있는 건 아닐까?" 이 질문에 적어도 당신의 자녀는 다시 한번 곰곰이 생각할 것입니다. 그리고 믿음에 맞서기 위해 교회의 잘못된 역사나 사건을 더는 언급하지 않을지도 모릅니다.

❀

시간을 내어 자녀와 함께 믿음에 관한 대화를 나눠 보세요. 자녀를 신앙으로 이끌어야 한다는 압박에서 벗어나세요. 자녀가 신앙에 대해 어떻게 생각하는지, 이해할 수 없는 것과 의심이 드는 것이 무엇인지 물어보세요. 그리고 무엇이 자녀를 지탱하게 해 주는지, 자녀에게 무엇이 중요한지, 이 세상에서 어떠한 사람이 되고 싶은지 물어보세요. 그런 다음 당신의 믿음에 관해 자녀에게 말해 주세요. 그러나 당신도 믿음에 대해 의심이 들었던 것이 무엇이었으며, 그 의심 가운데서도 어떻게 믿었는지 설명해 주세요. 무엇이 당신을 지탱하게 해 주었고, 믿음이 당신에게 무엇을 의미하는지 얘기해 주세요. 아마 이것은 당신에게도 하나의 도전이 될 거예요.

가장 중요한 것은 자녀의 생각과 의견을 존중하면서 대화를 하는 것입니다. 그리고 당신 자신의 믿음에 관해 솔직하게 말하는 것입니다. 대화를 마치면서 그 어떤 결과나 합의를 이끌어 내지 마세요. 자녀를 존중하면서 서로 다른 시각을 그대로 두세요. 당신이 믿음에 대해 자녀를 납득시키는 것을 목표로 두지 않는다면, 대화는 자녀에게 좋은 영향을 줄 것입니다. 자녀는 당신을 더 잘 이해하게 될 것입니다.

물론 자녀가 대화를 거부할 수도 있습니다. 이는 자녀가 믿음에 대한 자신의 의심을 확신하지 못한다는 것을 보여 줍니다. 그러나 자녀는 그것을 인정하고 싶지 않습니다. 당신은 자녀가 대화를 거부하는 것을 받아들이기 힘들겠지만 적어도 자녀가 무엇을 생각하고 어떤 것에 몰두하는지 알고 싶다고 말을 건네 보세요.

믿음과 절망

"절망에 빠지지 않는 한, 우리는 결코 외롭지 않다."

– 엘제 파섹

　의심의 특별한 형태는 절망입니다. 절망은 "출구 없는 상황에서 보이는 극단적인 반응"[45]입니다. 이러한 절망의 원인 중 하나는 자신의 실패를 인식하는 것에 있습니다. 사람들은 자신이 원하는 바를 이루지 못했다고 여기고, 자신이 바라는 자아상과 맞지 않는다고 생각합니다. 또한 그들은 하느님께 거부당했다고 여깁니다. 사람들은 의미를 모른 채 고통을 겪고 절망합니다. 사람들은 출구를 찾지 못합니다. 누군가에게는 모든 게 너무 힘듭니다. 절망은 죄의 표현이자, 인간이 감당하기 힘든 고통의 표현이기도 합니다. 이러한 절망은 믿는 이에게는 새로운 방식으로 하느님을 바라보게 합니다. 하느님은 절망 한가운데서 유일한 희망의 근원이십니다. 그래서 저는 절망의 이 두 가지 측면을 기술하려 합니다.

로고테라피(의미 치료) 창시자인 빅터 프랭클은 "모든 절망의 기초가 되는 것은 결국 우상화밖에 없다."[46]라고 생각했습니다. 우리가 절망하는 이유는 우상화한 것이 깨졌거나 환상으로 드러났기 때문입니다. 절망은 흔히 우리가 만들어 놓은 환상이 깨진 것과 결부되어 있습니다. 우리는 환상이 깨진 것을 견디기 어려워합니다. 이것을 현실적으로 숙고하고 우리를 있는 그대로 받아들이라는 기회로 여기지 않습니다. 오히려 환상을 꼭 붙잡습니다. 하지만 그 환상에 결코 도달하지 못하리라는 것도 압니다. 환상과 결별하고 우상화에서 벗어나는 것이 우리가 할 일입니다. 프랭클은 이러한 면을 한 여성을 통해 관찰했습니다. 그녀는 자신이 어머니라는 것에서만 자신의 정체성을 찾았고, 이것을 실현하는 것을 우상화했습니다. "그녀는 이러한 우상화에서 벗어난 뒤에야 더 이상 절망에도 빠지지 않게 되었다"[47]

프랭클에게는 절망의 다른 원인이 있습니다. 사람들이 삶의 의미를 의심하는 것입니다. 삶이 의미가 없으면, 사람들은 의심하는 것으로 그치지 않고 절망에 빠집니다. 모든 게 무의미합니다. 그러므로 절망에서 빠져나오려면 다시 삶에서 의미를 발견해야 합니다. 이는 고통 중에도 의미를 찾아야 한다는 것입니다. 이때 고통은 무의미한 게 아닙니다. 고통 중에도 의미를 찾고 내가 어떤 태도를 지녀야 하는지 찾아야 하는 것입니다. 프랭클은 '태도 가치'에 관해 말하는데, 이는 고통에도 어떤 의미와 가치를 부여할 수 있는 것입니다.

프랭클은 어느 연로한 의사에 관해 이야기했습니다. 이 의사는 사랑한 아내의 죽음을 극복하지 못해서 그에게 도움을 청했습니다. "나는 우울증이 심한 그 환자에게, 그가 아내보다 더 먼저 죽었다면 무슨 일이 일어났을지 곰곰이 생각해 보라고 했다. '그런 일은 상상할 수 없습니다.' 그가 이렇게 대답했다. '제 아내는 절망에 빠졌을 겁니다.' 이제 나는 그를 다음과 같은 점에 주목하게 했다. '보세요, 당신 아내는 거기서 벗어날 수 있었습니다. 당신이 아내에게 그것을 면하게 해 주었습니다. 물론 당신은 지금 아내를 애도해야 하는 대가를 치르고 있지만요.' 그 순간에 그의 고통은 하나의 의미를 얻었다. 희생의 의미다. 운명은 가장 작은 것도 바뀔 수 없지만 태도는 달라졌다!"[48]

우리는 절망스러운 상황과 그 고통 속에서도 삶의 의미를 찾아내야 합니다. 그것은 종종 시간이 오래 걸립니다. 먼저 우리는 절망에 빠져서는 안 됩니다. 절망을 견뎌야 합니다. 그렇지 않으면 절망이 죄가 될 수도 있습니다. 우리가 고통에 대해 의미를 부여할 때 그 고통을 더 쉽게 견딜 수 있습니다. 이런 연관성에서 프랭클은 니체가 한 말을 인용합니다. "살아야 할 이유를 아는 사람은 그 어떤 상황도 견뎌 낸다."[49]

우리가 살면서 발견하는 중요한 의미 하나는 헌신하는 것에 있습니다. 프랭클은 이렇게 기술합니다. "자기 포기, 자기를 내어 줌 das Sich-Ausliefern, 자기 헌신은 자아를 형성하는 비결이다. 칼 야스퍼스보다 그것을 더 정확히 표현한 사람은 아무도 없다. 그는 '자기 자신을 토대로 한 인간은 바닥이 없다.'고 말한다. 또한 그는 인간은 '다른 사람에게 헌신함으로써 인간이 된다.'고 말한다."[50]

절망에 빠지면 희망을 포기하게 됩니다. 희망은 하느님의 은총입니다. 희망은 하느님이 우리에게 주신 선물이며, 우리가 꾸준히 가꾸어야 하는 내적 태도입니다. 요제프 피퍼는 절망을 "존재 의미를 실현시키지 못한 것을 앞당긴 것"이라고 표현합니다. 그는 토미즘[51]을 배경으로 절망을 죄로 기술하고 교부들이 남긴 흥미로운 말을 인용합니다. 가령 세비야의 이시도르 성인은 이렇게 말했습니다. "절망하는 것은 지옥으로 내려가는 것이다."[52] 피퍼는 아우구스티노 성인의 말도 인용합니다. "이 두 가지 요소, 곧 절망과 그릇된 희망이 영혼을 죽인다."[53]

절망은 "우리와 함께 그리고 나 자신과 함께 나쁘게 끝나게 되는 것"[54]을 의미합니다. 영원한 생명에 절망하는 사람은 인간 존재가 가는 '길'을 거부합니다. 이런 맥락에서 피퍼는 파스카시오 라드베르토 성인의 말을 인용합니다. "절망에게는 그리스도이신 길 위를 걷는 발이 없다." 파스카시오 성인은 여기서 '희망spes'을 '발pes'과 연결합니다. 피퍼는 절망 안에 죄의 본질이 표현되었음을 봅니다. "그것은 실재와 모순되는 것이다. 절망은 완성에로 가는 길을 거부하는 것이다."[55] 그리하여 피퍼는 절망을 "자기모순, 자기 붕괴"라고 일컫습니다. "절망에 빠진 인간은 자기 자신처럼 파괴될 수 없는 자신의 고유한 갈망을 부인한다."[56]

토마스 아퀴나스는 절망을 가장 위험한 죄라고 일컫습니다. 절망은 인간 실존을 위협합니다. 근본적으로 희망과 결부되어 있는 그 실존을 위협하는 것입니다. 고대 로마인들은 이렇게 말했습니다. "숨을 쉬는 한, 나는 희망한다Dum spiro spero." 절망은 이 원칙을 어깁니다. 절망은 희망을 포기합니다.

그래서 요한 크리소스토모 성인은 이렇게 말합니다. "우리를 불행에 빠뜨리는 것은 죄가 아니라, 오히려 절망이다."[57] 죄는 우리를 후회로 이끌기도 합니다. 그러나 절망은 우리에게 회개할 모든 희망을 빼앗습니다. 우리는 절망에 빠졌습니다. 이 절망은 우리를 외롭게 만듭니다. 독일의 시인 엘제 파섹Else Passek은 다음과 같이 말합니다. "절망에 빠지지 않는 한, 우리는 결코 외롭지 않다." 절망은 우리를 지독한 외로움에 빠뜨립니다. 우리는 절망으로 인해 삶의 의미도, 우리를 지탱해 주는 사람들도 볼 수 없습니다.

본래 절망의 신학자는 키르케고르입니다. 그는 스스로 절망의 언저리에 선 적이 있었고, 그때 절망에 관한 책《죽음에 이르는 병》을 썼습니다. 현대 신학자 오이겐 드레버만은 키르케고르에 따라서 절망의 본질을 이렇게 기술합니다. "사는 게 싫고 죽는 것이 가장 좋지만, 죽을 수 없는 것, 죽어 사는 것, 죽지 못한 채 숨이 막히는 것, 바로 이것이 절망이다."[58]

키르케고르에게 절망하는 것은 죄입니다. 절망은 우리 자신과의 불화, 우리 자신에 대한 잘못된 태도를 보여 줍니다. 우리는 우리가 좋아하는 것, 예컨대 우리 집이 파괴되거나 사랑하는 사람이 죽어서 우리 곁을 떠났을 때 절망스럽다고 생각합니다. 그러나 그전에 이미 우리 자신에 대해 절망했습니다. 우리는 집 또는 사랑하는 사람에게서는 의미를 찾았지만, 우리 자신에게서는 의미를 찾지 못했습니다.

이런 까닭에 드레버만은 절망에 빠진 사람에게 묻습니다. "이제 그는 원인에 대해 자문해야 한다. 특정한 사람의 애정, 특정한 단체의 호의, 특정한 인정을 받은 것 등을 통해서만 살 수 있었다고 생각하는지 스스로에게 물어야 한다. 그렇지만 이유는 분명하다. 그가 원래 자기 자신을 알지 못했기 때문이다. 그는 본인이 주도한 삶을 살지 않고 외부에 기대는 삶을 살았기 때문이다."[59]

이에 비추어 볼 때, 절망은 사람들이 회복할 수 없는 상실을 가리킵니다. 그러나 사람들은 인정과 성공을 끊임없이 추구하거나 쉬지 않고 활동함으로써 이러한 절망을 은폐합니다. "이것은 본디 키르케고르가 절망에 관해 다룬 주제다. 누군가는 결코 외적인 것에는 절망하지 않는다는 것이다. 그는 언제나 자기 자신에 절망한다. 달리 표현하면, 절망은 언제나 자기 자신과 조화를 이루지 못하는 것이다."[60]

로마 신자들에게 보낸 서간 7장에서 바오로 사도는 자기 자신에게 절망합니다. 자신이 바라는 선을 행할 수 없기 때문입니다. "나에게 원의가 있기는 하지만, 그 좋은 것을 하지는 못합니다. 선을 바라면서도 하지 못하고, 악을 바라지 않으면서도 그것을 하고 맙니다."(로마 7,18-19)

바오로는 자신이 할 수밖에 없는 이 체험에 절망합니다. 그래서 이렇게 외칩니다. "나는 과연 비참한 인간입니다. 누가 이 죽음에 빠진 몸에서 나를 구해 줄 수 있습니까?"(로마 7,24)

그렇지만 바오로는 절망에 빠지지 않습니다. 그는 율법의 지배를 받는 것에 절망하지만 이 절망이 그를 하느님께로 향하게 합니다. 그는 예수 그리스도와 그분의 십자가상 죽음의 신비를 새로운 방식으로 이해합니다. 그리하여 그는 완전히 좌절하는 체험을 한 뒤에 즉시 외칩니다. "우리 주 예수 그리스도를 통하여 나를 구해 주신 하느님께 감사드립니다."(로마 7,25)

그러고 나서 얼마 뒤에는 이렇게 말합니다. "그러므로 이제 그리스도 예수님 안에 있는 이들은 단죄를 받을 일이 없습니다. 그리스도 예수님 안에서 생명을 주시는 성령의 법이 그대를 죄와 죽음의 법에서 해방시켜 주었기 때문입니다."(로마 8,1-2)

틸리히는 절망에 해당하는 영어 '디스페어despair'의 의미를 떠올립니다. '희망을 잃고 있음', 이는 "출구가 없는 상황을 표현하는 것"[61]입니다. 반면에 독일어로 '절망Verzweiflung'은 극도의 의심, 모든 것을 문제시하는 의심도 나타냅니다. 틸리히는 절망의 원인을 인간이 자신의 참된 자아와 존재로부터 멀어진 것, 종국에는 하느님으로부터 멀어진 것에서 봅니다. 절망은 언제나 불안, 죄, 의미 상실과 연관이 있습니다. "절망의 고통은, 사람들이 자신의 존재 의미 상실에 대해 책임이 있지만 그 의미를 되찾을 수 없어서 느끼는 감정이다. 사람들은 자기 자신에게 묶여 있으며, 자기 자신과의 갈등도 견뎌야 한다. 여기서 달아날 수 없다. 자아에서 벗어날 수 없기 때문이다."[62]

어떤 사람들은 자살로써 절망에서 벗어날 수 있으리라고 생각합니다. 그렇지만 자살은 궁극적인 출구가 아닙니다. 자살은 최후의 심판에서 우리를 해방시켜 주지 않습니다.[63] 그래서 일부 사람들은 "최종적 안전이나 확신을 절대시하면서"[64] 절망을 피하려 몸부림치면서 "자신들의 그릇된 안전과 그릇된 확신을 위협하는 이들"[65]에 대한 증오로 가득 차 있습니다. 절망에서 벗어날 수 있는 또 하나의 방법은 그 의미에 대해 묻지 않는 것입니다. 하지만 이것은 흔히 "불안, 공허, 냉소적 태도, 무의미"[66]로 이어집니다. 결국 중요한 것은 절망을 극복하기 위해 다른 길을 걷는 것입니다.

※

당신이 절망에 빠졌던 상황들을 떠올려 보세요. 그러한 상황이 떠오르지 않는다면, 이에 대해 감사하는 마음을 지니는 것이 좋습니다. 그러나 절망스러운 상황에 있었던 주변 사람들을 떠올려 볼 수 있고, 또

언젠가 우리도 절망스러운 순간이 생기기도 할 것입니다.

　두 가지 예시를 들어 보겠습니다. 당신은 절망에 빠졌습니다. 당신의 배우자가 세상을 떠났기 때문입니다. 그는 가정을 잘 지켜 온 따뜻하고 다정한 사람이었습니다. 당신은 당신 삶의 토대가 무너졌다고 생각할 것입니다. 빅터 프랭클이 말한 것처럼 당신은 배우자와의 관계를 우상화하지는 않았는지, 자신의 정체성도 그 관계에서 형성한 것은 아닌지 자문할 수 있습니다. 당신은 자신의 정체성을 찾는 것이 중요합니다. 당신은 그의 아내(남편) 그 이상입니다. 당신은 당신 자신이기도 합니다. 무엇이 당신을 유지시켜 주나요? 당신의 삶의 토대를 무엇에서 찾나요? 혹시 믿음이 불안정한 당신을 든든히 받쳐 주는 토대가 아닐까요? 혹시 당신 자신에게 절망한 것은 아닌지 자문해 보세요. 남편(아내)이 당신 곁에 있을 때에만, 그의 사랑을 느낄 때에만 당신 자신을 느낀 것은 아닐까요? 그가 지금 없기에 당신은 당신 자신과 낯설어진 것은 아닐까요? 실제로 온전히 당신 자신과 관계를 맺었나요?

　이런 질문들은 마음을 아프게 하지만 당신을 절망에서 서서히 끌어내어 당신 영혼의 깊은 곳과 만나게 합니다. 거기서 당신은 온전히 당신 자신으로 있습니다. 아무도 당신에게 상처를 줄 수 없습니다. 절망의 고통을 통해 영혼 깊은 곳에 이르고 거기서 당신 자신과 교류하기 위해 애쓰세요. 그러면 절망은 서서히 사라질 것입니다.

다른 예를 들겠습니다. 당신은 지금 불치병에 걸렸습니다. 당신은 이 병이 점점 더 진행되어 죽음을 앞두고 있다는 사실을 알고 있습니다. 당신은 살아갈 날이 얼마 남지 않아 절망에 빠졌습니다. 당신은 가족을 위해 더 이상 존재할 수 없기 때문에, 남편(아내)과 자녀를 남겨 놓고 떠나야 하기 때문에 절망에 빠졌습니다. 또 모든 것이 무의미해 보이기 때문에 절망에 빠졌습니다. 당신은 아직 많은 것을 하고 싶습니다. 당신에게는 여전히 좋은 아이디어가 많습니다. 그러나 그것들을 실현할 수 없습니다. 이때에도 빅터 프랭클과 키르케고르가 제기한 질문을 자신에게 해 보세요. '건강, 일, 성공, 가족 등 외적인 것에 내 존재를 규정하지는 않았는가? 나는 내 삶과 나의 병에 어떤 의미를 부여할 수 있을까? 내가 희망과 사랑을 전할 수 있을까? 나는 가족에게 여전히 좋은 존재가 될 수 있을까?'

이런 질문이 절망적인 감정을 없애지는 못하지만 거듭 질문을 던지면 절망이 상대화되어 때로는 희망이 피어날 것입니다. 예전에도 그랬듯이 지금도 당신은 진실하게 살 것이라는 희망과, 당신을 만나는 이들에게 하나의 축복이 될 수 있다는 희망이 피어날 것입니다.

절망은 오롯이 하느님께 향하는 기회다

"사람들에게는 때때로 하느님과 떨어져 있는 것이 필요하다.

그래야 하느님 없이 자신들이

얼마나 가련한지 다시 인식하는 법을 배울 수 있다."

- 오리게네스

우리는 절망에 관해 숙고하면서 십자가에 달리신 예수님의 외침을 떠올립니다. "저의 하느님, 저의 하느님, 어찌하여 저를 버리셨습니까?"(마태 27,46)

위르겐 몰트만은 《십자가에 처형되신 하느님 *Der gekreuzigte Gott*》에서 하느님께 버림받는 것을 예수님 죽음의 특징으로 기술했습니다. "예수님이 하느님 아버지로부터 버림받은 것을 이해해야 비로소 그분 죽음의 특별함을 이해할 수 있다. 그분은 하느님이 우리와 가까이 계심을 유일무이하고 친근하고 장엄한 방식으로 선포했다. 이렇게 예수님은 자신의 삶과 자신이 선포한 것으로 하느님과 유일무이하게 연결된 가운데 하느님으로부터 유일무이하게 버림받은 채 돌아가셨다."[67]

이것은 예수님 죽음의 한 측면입니다. 그분은 자신이 하느님께 버림받았다고 느끼셨습니다. 그렇지만 예수님은 이것을 절망으로 받아들이지 않으셨습니다. 우리도 이것을 절망으로 받아들이면 안 됩니다.

핀카스 데 라피데Pinchas de Lapide[68]는 예수님의 이 외침은 절망을 표현한 것이 아니라고 말합니다. 그리고 이렇게 증명합니다. 첫째, 예수님의 이 외침은 하느님을 향한 것입니다. 허공을 향해 외치신 것이 아닙니다. 둘째, 예수님이 그렇게 외치신 것은, 그분이 시편 22편 전체를 표현하셨음을 의미합니다.

마태오 복음서는 예수님이 시편(22,2 참조)에 나오는 말씀으로 부르짖으시고, 또 한 번 이 시편의 말씀을 외치시고 나서 돌아가셨다고 말합니다. 여기서 우리는 예수님의 절망을 감지할 수도 있을 것입니다. 그분은 하느님을 굳게 믿으셨습니다. 그렇지만 지금 그분은 버림받으신 것처럼 보입니다. 시편 22편은 이러한 내적 고통을 묘사합니다. 그러나 예수님이 이러한 고통을 하느님께 말씀드리면서 그 고통은 변모됩니다. 예수님은 이렇게 탄식하십니다. "그러나 저는 인간이 아닌 구더기 사람들의 우셋거리, 백성의 조롱거리. 저를 보는 자마다 저를 비웃고 입술을 비쭉거리며 머리를 흔들어 댑니다."(시편 22,7-8)

그러나 그분은 다시 아버지께로 향하십니다. "그러나 당신은 저를 어머니 배 속에서 이끌어 내신 분 어머니 젖가슴에 저를 평화로이 안겨 주신 분. 저는 모태에서부터 당신께 맡겨졌고 제 어머니 배 속에서부터 당신은 저의 하느님이십니다. 제게서 멀리 계시지 마소서. 환난이 다가오는데 도와줄 이 없습니다."(시편 22,10-12)

하느님만이 그분을 구제할 수 있으십니다. 십자가에 달리신 예수님은 당신의 고통과 하느님께 버림받았음을 다시 한번 말씀하신 뒤, 하느님을 신뢰하기로 결심하십니다. "저는 당신 이름을 제 형제들에게 전하고 모임 한가운데에서 당신을 찬양하오리다. 주님을 경외하는 이들아, 주님을 찬양하여라. 야곱의 모든 후손들아, 주님께 영광 드려라. 이스라엘의 모든 후손들아, 주님을 두려워하여라. 그분께서는 가련한 이의 가엾음을 업신여기지도 싫어하지도 않으시고 그에게서 당신 얼굴을 감추지도 않으시며 그가 당신께 도움을 청할 때 들어 주신다. 큰 모임에서 드리는 나의 찬양도 그분에게서 오는 것이니 그분을 경외하는 이들 앞에서 나의 서원을 채우리라."(시편 22,23-26)

이렇게 예수님은 우리가 절망에 어떻게 대처해야 하는지 보여 주십니다. 우리가 절망에 빠질 때 예수님이 하신 것처럼 하느님께 이 감정을 크게 토로해도 괜찮습니다. 그러나 우리는 하느님께서 이러한 상태를 바꾸어 주시고 우리를 구해 주시리라고 희망해야 합니다. 예수님은 절망적인 상황에서도 유다교 전통을 그대로 따르셨습니다.

유다인들은 집단 대학살[69] 때 끝없는 고통을 체험했습니다. 그러나 많은 유다인은 그런 가운데서도 자신들의 하느님을 꽉 붙잡았습니다. 그들은 시편과 함께 자신들의 고통과 버림받음을 토로했습니다. 그러나 결코 하느님께 절망하지 않았습니다. 그들은 하느님이 무엇을 바라시는지 이해하지 못했습니다. 그러나 하느님께서 자신들에게 그 어떤 방법으로든 정의를 행하시리라고 굳게 믿었습니다.

니체는 자신의 믿음에 절망했습니다. 한편으로, 그는 예수님께 매료되었고 평생 그분을 떠나지 않았습니다. 그는 예수님 안에서 모든 반대되는 것의 일치를 보았습니다. 하지만 니체는 무력해진

그리스도교에 실망했습니다. 그래서 그리스도교 건너편에서 종교적 의미를 찾는 사람이 되고자 노력했습니다. 하지만 결국 이것이 그를 절망과 정신 분열증으로 이끌었습니다. 그러나 절망 중에도 그는 하느님이 자신의 최후의 발판이심을 믿었습니다. 절망 중에도 그는 하느님을 갈망했습니다. 그리하여 니체는 다음과 같이 말했습니다. "절망과 갈망이 짝을 이루는 곳에 신비주의가 있다."

참으로 놀라운 말입니다. 절망은 존재해도 됩니다. 그러나 절망에 빠지거나 절망에 끌려다녀서는 안 됩니다. 갈망은 인간의 기본적 감정입니다. 아우구스티노 성인에 따르면, 인간은 근본적으로 갈망하는 존재입니다. 인간은 사랑과 안정, 고향을 갈망합니다. 그러나 성공과 인정도 갈망합니다. 그러나 아우구스티노 성인은 세상적인 것에 대한 갈망 안에는 언제나 절대적인 것, 하느님에 대한 갈망이 이미 숨어 있다고 말합니다.

그러므로 이 양극, 곧 절망과 갈망의 연결이 중요합니다. 우리가 절망과 갈망 사이에 감도는 이 긴장을 견뎌 낼 때 신비주의가 싹틉니다.

이제 우리는 하느님 안으로 나아갑니다. 그리고 하느님과 완전히 하나가 되는 것이 무슨 뜻인지 예감합니다. 절망은 우리의 '에고(자아)'를 부수고, 갈망은 하느님에 대한 우리의 바람을 넓혀 줍니다. 이 절망과 갈망이 우리를 하느님의 사랑 안으로 깊이 들어가게 해 줍니다. 이제 우리는 하느님을 소유하지 않습니다.

그러나 자신의 절망이 새로운 안정감으로 변모되기를 바라면서 그분 안으로 나아가고자 애씁니다. 우리는 모든 절망의 건너편에서 머물 수 있는 한 장소를 발견합니다. 그곳은 신비가 깃든 장소입니다. 모든 의심과 절망이 그곳에서 하느님 사랑과 하나가 됩니다. 이렇게 반대되는 것과 하나가 되고 서로 연결된다는 것을 예감할 수 있습니다. 니체는 예수님 안에서 이것을 체험했습니다.

절망은 인간을 '오롯이 하느님께 향하도록' 합니다. 탄원 시편들은 절망이 "하느님과 새로운 삶을 시작할 수 있음"[70]을 보여 줍니다. 내가 어떻게 해야 할지 더 이상 알지 못하는 바로 그 지점에서, 내가 바닥을 친 바로 그 지점에서 공허함의 체험이 충만함의 체험으로, 절망이 새로운 신뢰, 새로운 안정감으로 바뀔 수 있습니다. 부스트는 이것을 다음과 같이 표현합니다. "그러고 나면 처음에는 완전히 불안정하게 보였던 것이 궁극적인 안정감으로 밝혀진다."[71]

그리고 그는 교부 오리게네스의 사상을 인용합니다. "사람들은 하느님과 지속적으로 가까이 있는 것을 견딜 수 없다. 사람들에게는 때때로 하느님과 떨어져 있는 것이 필요하다. 그래야 세속화된 문화에 젖은 시기에 하느님 없이 자신들이 얼마나 가련한지 다시 인식하는 법을 배울 수 있다."[72]

오리게네스는 하느님께 버림받음, 하느님에 대한 절망을 긍정적으로 해석한 것입니다. 그는 이러한 절망이 이따금 필요하다고 확신했습니다. 우리가 하느님 없이 있다는 것은 하느님이 우리에게 어떤 안정감을 선사해 주실 수 있는지 다시 깨닫게 해 주는 계기가 됩니다.

헤르만 헤세는 절망이 우리에게 하느님의 은총을 가리켜 보인다고 했습니다. 이에 따라 그는 어느 편지에서 선을 행하려고 애쓰는 우리의 길은 절망으로 끝날 수밖에 없다고 썼습니다. "덕을 실현하는 것, 완전히 순종하는 것, 충분히 봉사하는 것, 정의는 실현할 수 없다는 것, 선은 이룰 수 없다는 것을 깨닫게 된다. 이러한 절망은 이제 몰락으로 이끈다. 그러나 정신의 세 번째 영역으로, 윤리와 법 너머에서 어떤 상태를 체험하는 것(곧 은총과 구원의 단계로 전진하는 것)으로, 새롭고 더 높은 유형의 무책임으로, 또는 달리 말하자면 믿음으로 이끈다."[73]

하느님의 뜻에 따라 살면서도 우리는 변모될 수 없음을 시인해야 비로소 믿음이 무슨 뜻인지 알게 됩니다. 우리는 완전히 하느님의 팔에 안길 수 있다는 것, 그분께 의탁한다는 것도 예감하게 됩니다. 나 자신에 대한 절망은 결국 하느님에 대한 절망으로 이어집니다. 그러나 우리는 하느님의 팔에 안길 수 있습니다. 그리고 하느님께서 친히 우리를 일으켜 주시고 인간의 가치를 추구하며 살도록 은총을 베푸신다는 것을 체험합니다. 우리는 자신의 힘으로 사는 게 아니라 하느님의 은총과 그분의 영으로 사는 것입니다.

프랑스의 트라피스트회 수도원장 앙드레 루프도 이와 유사한 체험을 했습니다. 그는 고행이 인간을 절망으로 이끌 수 있다고 말합니다. 그 이유는 자신이 추구한 것을 이루지 못하기 때문입니다.

그러나 뒤이어 우리는 하느님의 은총이 무엇인지 체험합니다. 하느님의 은총은 우리를 최악의 상태인 밑바닥으로 내려가게 합니다. "영적 시험은 수도승을 절망의 언저리로, 이성을 잃어버리는 문턱으로 데려간다. 그는 은총을 통해 자신의 가장 약한 면에서 구제되지 못할 수도 있다. 그것은 놀랄 만한 일이 아니다. 잘못된 겸손과 잘못된 완전함이 무너지면, 갑자기 모든 게 새로워질 수 있다."[74]

수도승이 오랫동안 붙잡고 있던 사명이 무너지면, 그에게 남은 것은 하느님께 의탁하는 일밖에 없습니다. 자기 자신에 대한 절망은 하느님 안으로 들어가 남김없이 헌신하도록, 그리고 하느님의 은총에 의탁하도록 이끕니다.

코린토 신자에게 보낸 둘째 서간(12,7-10)에 나오는 대목을 묵상해 보세요. 바오로는 몸에 가시가 나는 병에 시달렸는데, 그 병은 그에게 외적인 굴욕감을 주었습니다. 그는 좋은 사도가 되기를 원했고, 예수님의 복음을 코린토 신자들에게 온 힘을 다해 선포했습니다. 그러나 사탄의 하수인이 자기를 줄곧 찔러 댔다고 바오로는 기술합니다. 주석가들은 그것이 어떤 병을 말하는 것인지 생각했습니다. 간질, 안면 신경통, 편두통 등 여러 의견이 나왔습니다. 우리는 그의 병을 확실히 알 수 없지만 우리 자신을 다시 발견할 수 있습니다.

이런 상황에 처했다고 생각해 보세요. 당신은 일을 하면서 무언가를 이루고 싶고, 함께 일하는 이들에게 자신감을 드러내 보이고 싶습니다. 만약 당신이 병약하다고 생각해 보세요. 당신은 사람들에게 항상 약한 모습만 보였습니다. 당신은 사람들에게 긍정적인 확신과 신뢰를 심어 주고 싶습니다. 그러나 지금 당신은 우울증을 앓고 있고, 이 증상은 당신을 한동안 위축시킵니다. 당신은 다른 사람들에게 믿음을 전하고 싶지만 당신 스스로 의심에 휩싸여 있습니다. 또는 당신은 믿음에 관해 말할 때 불안하고 확신이 없습니다. 그리고 이렇게 생각합니다. '내가 믿음과 신뢰에 관해 말할 때 다른 사람들은 나를 어떻게 생각할까? 내가 확신이 없는 상태이고 땀까지 흘린다는 것을 남들이 알아채지는 않을까? 나에게 심리적, 정신적 문제가 있는 게 아닐까?'

바오로는 이 병에서 벗어나게 해 달라고 주님께 세 번이나 간청했습니다. 자신이 더 많은 확신과 함께 사람들에게 복음을 전할 수 있도록 그렇게 한 것입니다. 세 번 청하는 것은 예수님이 겟세마니에서 기도하신 일을 떠오르게 합니다. 그곳에서 예수님은 고난의 잔을 당신에게서 거두어 주십사고 하느님께 세 번 청하셨습니다. 그렇지만 하느님은 그 잔을 그분에게서 거두지 않으셨습니다. 하늘에서 천사를 보내시어 그분의 기운을 북돋아 드리게 하셨을 뿐입니다. 그리하여 부활하신 예수님이 바오로에게 말씀하십니다. "너는 내 은총을 넉넉히 받았다. 나의 힘은 약한 데에서 완전히 드러난다."(2코린 12,9)

바오로는 절망한 상태에 있었습니다. 그가 병에서 벗어나기 위해 시도한 모든 것, 기도, 영성, 예수님의 치유력에 대한 믿음은 아무것도 변화시키지 않았습니다. 예수님은 그에게서 절망을 거두지 않으십니다. 오히려 절망을 하느님의 은총에 완전히 의탁하는 길로 나아가게 합니다. 바오로는 약해도 됩니다. 그는 병을 앓아도 됩니다. 그는 그것에 맞서 싸우지 않습니다. 오히려 병에 대한 절망은 하느님 은총으로 뛰어오르게 하는 도약판입니다.

❈ 맺음말 ❈

  이 책에서 우리는 의심과 절망이 하나의 종교적 문제일 뿐만 아니라 심리적 문제이기도 하다는 것을 알았습니다. 인간은 의심하는 존재입니다. 의심이 없다면, 인간은 더 이상 발전할 수 없을 것입니다. 학문은 제자리에 멈춰 있을 것이고, 새로운 인식을 얻기 위한 탐구도 없을 것입니다. 이 책에서 많은 사람이 자기 자신을 의심하고, 사랑하는 사람이나 주변 사람에게 의혹을 품는다는 것도 알았습니다. 이 의심을 쫓아내거나 억누르기보다는 의심을 인지하는 것, 의심과 함께 대화를 나누는 것이 중요합니다. 그렇게 하면 우리는 의심으로 인해 새로운 시각을 지니게 될 것입니다.

  한 가지 중요한 주제는 믿음과 의심의 연관성입니다. 우리가 원하든 원하지 않든 의심은 믿는 이들 안에서도 거듭 나타납니다. 우리는 그것에 놀라서는 안 됩니다. 믿음을 새롭게 하기 위한 도전으로 의심을 받아들여야 합니다. 또한 모든 계획과 환상으로부터 우리의 믿음을 정화하는 기회로 여겨야 합니다. 합리주의자들은 우리가 믿음 안에서 무언가를 해 보이는 것은 더 잘 살 수 있기 위해서라고 비난합니다. 믿음은 분명 하나의 '이해 모델Verstehensmodell'입니다. 바람직한 방식으로 살게 하고, 특히 질병과 죽음처럼 살면서 겪는 힘든 상황에 바람직하게 대처하게 도와줍니다. 믿음은 허상이 아닙니다. 우리는 의심함으로써 믿음을 늘 새롭게 정립할 수 있습니다. 이처럼 의심은 믿음의 근본입니다. 믿음은 이성에 맞서지 않고 이성을 뛰어넘습니다. 그리고 믿는다는 것은 결국 의지의 행위입니다. 우리는 불확실해도 믿음을 위해 결정을 내립니다. 그러면 '그 결정이 옳다.'라는 신뢰가 자라납니다. 견고한 토대 위에 신뢰가 자라나고, 그 토대는 우리에게 붙잡을 것을 줍니다. 그리하여 모든 의심을 통해 점점 더 믿음에 대한 확신으로, 하느님에 대한 신뢰로 성장하기를 바랍니다. 하느님은 실재이시고 나의 본질에 맞게 살 수 있게 해 주십니다.

그러나 믿음과 의심의 주제에서 관건은 결국 의심은 신비에 이르는 길을 제시한다는 것입니다. 우리가 믿음 안에서 하느님과, 우리 자신과 그리고 온 세상과 하나가 되는 체험을 하면 의심은 극복됩니다. 그러나 우리가 의심을 통과하여 우리 영혼 깊은 곳에 이르러야만 의심이 극복될 수 있습니다. 우리 영혼 깊은 곳에는 한 장소가 있습니다. 이 장소는 온갖 의심과 모든 반대되는 것, 이중적인 것 이면에 있습니다. 영혼 깊은 곳에서 이 모든 것과 하나가 되는 체험을 하면, 우리는 의심이 더 이상 들어오지 못하는 곳으로 들어갈 수 있습니다. 우리는 이 내적 공간을 이따금 체험할 수 있지만, 예감만 하는 경우도 많습니다. 예감만 하더라도, 의심을 극복하는 하나의 길을 알게 됩니다. 바로 신비의 길입니다. 그리스도교가 이 신비에 이르는 길을 우리에게 보여 줍니다.

의심에는 여러 형태가 있습니다. 절대적 의심은 절망으로 이끕니다. 이 절망은 내적 분열로 이끌고 때로는 자살로도 이어질 수 있습니다. 그러나 절망은 자신의 내면으로 들어가 거기서 안정을 얻고 머물 공간을 발견하라는 도전일 수도 있습니다. 절망은 빅터 프랭클이 말했듯이 모든 '우상화'와 결별하라는 하나의 영적 도전일 수 있습니다. 절망은 우리가 그 위에 우리 삶을 세운 중요한 토대가 무너졌음을 보여 줍니다. 이 토대가 무너졌다고 느낀다면, 그것은 더 이상 무너질 수 없는 근원에 이를 때까지 더 깊이 나아가라는 기회입니다. 그곳은 우리가 하느님과 하나가 되는 영혼 깊은 곳입니다.

독자 여러분이 마음을 활짝 열고 여러분 안에서 나타나는 의심, 자기 자신에 대한 의심, 다른 사람들에 대한 의심, 믿음에 대한 의혹을 바라보기 바랍니다. 의심을 경시하지 말고, 자기 자신과 더 잘 교류하고 믿음 안에서 성장하라는 도전으로 받아들이기 바랍니다. 여러분이 의심을 통해 믿음이 더 강해지기를 바랍니다. 또한 여러분에게서 앗아 갈 수 없는 굳건한 믿음의 토대도 체험하기 바랍니다. 의심에 관해 숙고하면 우리는 인간 존재의 신비와 하느님의 신비로 더 깊이 나아갈 수 있습니다. 여러분이 모든 의심과 갈등, 모순 가운데서도 자신 안에서 하나의 근원을 발견하기 바랍니다. 그 근원 안에서 이중성, 이원성이 극복되고 여러분은 하나가 되면서 모든 의심 너머에 있는 곳을 여러분 안에서 발견할 수 있습니다.

옮긴이의 말

　살면서 의심에 직면한 경험을 누구나 한번쯤 했을 겁니다. 눈앞이 캄캄할 때, 벼랑 끝에 섰을 때, 곤두박질쳤을 때 어찌할 바를 모르면서 의심, 의혹도 품게 됩니다. 이렇게 보면 의심은 우리 삶의 한 요소이기도 합니다.

　이 책에서 저자는 의심을 깨달음, 관계, 자기 자신, 믿음, 곤경, 교의 등 여러 가지 소주제와 연결하여 상세히 다룹니다. 특히 2장에서는 성경의 인물들과 결부시켜 조명하는데, 이들을 거울삼아 우리의 믿음도 들여다보며 성찰해 볼 수 있습니다. 1장에 나오는 '관계'에 관한 내용도 바람직하게 활용할 수 있을 것입니다. 우리 인간은 언제나 사람들과 관계를 맺고 또 관계 안에서 살아가고, 그런 가운데 관계에서 드는 의혹으로 힘들어하는 경우도 적지 않으니까요. 이렇게 저자는 성경적, 심리학적, 신학적, 철학적 관점 등 여러 각도에서 '의심'이라는 주제를 폭넓게 다루고, 자신의 풍성한 체험을 비롯해 강연 및 피정 지도를 통해 얻은 경험들과 다양한 사례도 들면서 단순하면서도 쉬운 문체로 내용을 흥미롭게 펼쳐 갑니다. 또한 각 장의 끝부분에는 거기서 다룬 소주제와 관련해 여러 질문을 제시하고 우리 자신을 성찰하도록 안내합니다.

이 책에서는 의심과 절망뿐만 아니라 '확신을 갖게 하는 체험'에도 주안점을 두고 있습니다. 우리가 의심의 단계에만 머무르면서 불안해하거나 허우적대지 않고, 그 어두운 과정을 딛고 나아가 확신을 추구한다면 의심이 오히려 이롭게 작용할 것입니다. 그런데 확신을 지니려면 어떤 굳건한 토대가 있어야 하겠지요. 이 토대가 무엇인지는 각자 자신의 생각이나 가치관에 따라 다를 것입니다.

저자가 강조하듯, 의심을 인지하는 것, 의심과 대화하는 것이 관건입니다. 의심을 억누르거나 쫓아내서는 안 됩니다. 그리고 믿음과 관련해서는 의심을 '새롭게 결정하라는 도전'으로 받아들여야 합니다. 의심은 또 모든 계획과 환상으로부터 우리의 믿음을 정화하도록 우리를 압박합니다.

저자는 특히 '의심'과 관련된 여러 성경 속 이야기와 인물들을 오늘날 우리가 처하는 다양한 상황과 결부시켜 감명 깊고도 설득력 있게 해석합니다. 또한 의심을 극복하기 위한 방법을 곳곳에 제시하고, 많은 영적 자극과 함께 구체적으로 연습하도록 이끌어 줍니다. 이렇게 저자는 의심이 고개를 들 때 어떻게 대처할지 바람직한 방향을 제시하고 의심을 긍정적으로 활용하도록 우리의 시야를 크게 열어 줍니다.

  이 책과 더불어 우리 자신을 더 깊이 성찰하는 삶, 사고의 지평을 더 넓히며 영적 성장을 꾀하는 삶, '의심에서 확신으로' 나아가는 풍요로운 삶을 살도록 애쓰면 좋겠습니다.

2021년 봄이 오는 길목에서

황미하

주

1) 《두덴Duden》: 독일어 정서법, 동의어, 어원 등을 체계적으로 정리해 놓은 사전. — 역자 주
2) 아벨라르는 서로 모순되는 것들을 대립시키는 방법을 변증법적으로 발전시켰고, 이는 스콜라 철학에 그대로 받아들여졌다. — 역자 주
3) Melanie Beiner, Zweifel, in TRE, p.767 참조.
4) 같은 책, p.769.
5) 같은 책, p.769.
6) 같은 책, p.768: Augustinus, trin. X, 1914.
7) 원자 · 분자 · 소립자 등 미시적인 입자粒子의 운동을 연구하는 양자 역학을 기초로 하는 물리학을 통틀어 이르는 말. 물질의 미시적 구조나 기능을 양자의 관점에서 해명하고 고체의 물성物性을 연구하는 등 현대 물리학의 여러 분야를 포함함. — 역자 주
8) 어떤 사상이나 체험적 진리를 간결하고 압축된 형식으로 나타낸 짧은 글로, 금언 · 격언 · 경구 등이 있음. — 역자 주
9) E. M. Cioran, *Werke*, Frankfurt 2008, p.1976.
10) 같은 책, p.1924.
11) 같은 책, p.1921.
12) Reinhard Körner, Lex Spi, p.1471.
13) Melanie Beiner, Zweifel, in TRE, p.770.
14) 같은 책, p.770.
15) Paul Tillich, *Systematische Theologie, Band III*, Stuttgart 1966, p.275.
16) Paul Tillich, *Systematische Theologie, Band II*, Stuttgart 1958, p.82.
17) 같은 책, p.83.
18) Gradl, p.28 참조.
19) Klaus Berger, p.643.
20) 같은 책, p.644-645.
21) 같은 책, p.644.
22) Walter Dirks, Die Wette: *Ein Christ liest Pascal*, Freiburg 1981, p.79.
23) 같은 책, p.74.
24) 같은 책, p.74.
25) 같은 책, p.76.

26) Peter Wust, Gesammelte Werke, Band IV: *Ungewissheit und Wagnis*, Münster 1965, p.5.
27) 같은 책, p.199.
28) 같은 책, p.200.
29) 같은 책, p.201.
30) 같은 책, p.202.
31) 같은 책, p.202.
32) Reinhard Körner, Lex Spir, p.1471.
33) 같은 책, p.1472.
34) Thomas Merton, *Asiatisches Tagebuch*, Zürich 1987, p.186.
35) 같은 책, p.188.
36) Heinrich Fries, Einheit, in: *HthG*, München 1962, p.259.
37) Heiner Geißler, *Kann man noch Christ sein, wenn man an Gott zweifeln muss?*, Berlin 2017, p.22.
38) 같은 책, p.22.
39) Jürgen Moltmann, Leiden/Theodizee, in: *Lexikon der Spiritualität*, Freiburg 1988, p.781.
40) Peter Wust, Gesammelte Werke, Band IV: *Ungewissheit und Wagnis*, Münster 1965, p.276.
41) 같은 책, p.280.
42) 같은 책, p.280.
43) Psychologie heute, Dezember 2018, p.14.
44) 같은 책, p.14.
45) Siegfried, Lex Spir, p.1057.
46) Viktor E. Frankl, *Der Mensch auf der Suche nach Sinn*, Wien 1959, p.145-146.
47) 같은 책, p.146.
48) 같은 책, p.86.
49) Viktor E. Frankl, *Die Kunst sinnvoll zu leben*, p.27.
50) 같은 책, p.161-162.
51) 중세 스콜라 철학을 대표하는 토마스 아퀴나스의 사상을 토대로 한 철학·신학의 사상 체계를 일컬으며, 가톨릭 교회의 공인 철학임. — 역자 주
52) Josef Pieper, *Über die Hoffnung*, München 1949, p.51.
53) 같은 책, p.51-52.
54) 같은 책, p.52.
55) 같은 책, p.55.
56) 같은 책, p.56.
57) 같은 책, p.56-57.

58) Eugen Drewermann, Psychoanalyse und Moraltheologie, Band 1: *Angst und Schuld*, Mainz 1982, p.129.
59) 같은 책, p.131.
60) 같은 책, p.132.
61) Paul Tillich, *Systematische Theologie, Band II*, Stuttgart 1958, p.84.
62) 같은 책, p.84.
63) 같은 책, p.85.
64) 같은 책, p.83.
65) 같은 책, p.83.
66) 같은 책, p.83.
67) Jürgen Moltmann, *Der gekreuzigte Gott*, München 1972, p.142.
68) 유다인 출신의 종교학 교수. — 역자 주
69) 홀로코스트. 히브리어로 '쇼아'라고도 하며, 제2차 세계 대전 중 나치 독일이 자행한 유다인 대학살을 말함. — 역자 주
70) Siegfried, Lex Spir, p.1058.
71) Peter Wust, Gesammelte Werke, Band IV: *Ungewissheit und Wagnis*, Münster 1965, p.292.
72) 같은 책, p.291.
73) Hesse, p.389.
74) André Louf, *Demut und Gehorsam bei der Einführung ins Mönchsleben*, Münsterschwarzach 1979, p.31.